平凡社新書
1067

蔦屋重三郎

鈴木俊幸
SUZUKI TOSHIYUKI

HEIBONSHA

蔦屋重三郎●目次

第三章　新たな時代の到来……143

はじめに

商人の評価は、商売が成功を収めたかどうか、つまり、どれだけ営業規模を拡大し、どれだけ資本を集積したかという指標をもってなされるべきであろう。しかし、そういった観点から蔦屋重三郎《つたやじゅうざぶろう》（一七五〇〜九七、※以後、蔦重《つたじゅう》と記す）の商売を評価することは難しい。個々の事業でどれだけ儲《もう》けたのかはわからないし、四半世紀にわたる彼の本屋商売全体を収支という面で総括することも不可能である。ただ、吉原《よしわら》に行って破産する者は多くいるけれども、吉原から起業して江戸の大商人になった者はこれまで聞いたことが無いと大田南畝《おおたなんぽ》（一七四九〜一八二三）が評したように（※南畝が撰文した蔦重の母の墓碑銘に記載あり）、吉原から日本橋に進出して一廉《ひとかど》の書店を経営するまでになったという履歴は成功者のそれである。同時代人の評価もそこに比重を置いているのは当然である。

また、その出版物によって版元を評価することはもっともなことであり、わかりやすい評価方法でもある。蔦重は数々の出版物を世に送り出した。狂歌《きようか》本にしても戯作《げさく》類にしても、それらの多くは時人の歓迎するところとなり、他の追随を許さないほどであった。そして後世においてもその時代を象徴するようなものとして蔦重の出版物は評価されることになる。実際、世界的に評価の高い浮世絵師である喜《き》多川歌麿《たがわうたまろ》（一七五三?〜一八〇六?　※歌麿の生没年は不明のままとされることが多い）や東洲斎写楽《とうしゆうさいしやらく》（生没年不詳）を見出したというところで蔦重は高く評価されてきた。たしかに歌麿の名品を数多く出版し、写楽にいたっては全点蔦重版である。しかし、それは後代の浮世絵評価に寄りかかりすぎた蔦重評価である。かといって、同時代において評価の高かった北尾重政《きたおしげまさ》（一七三九〜一八二〇）の絵本を多く出版していることをもって彼を顕彰することも同様にしっくりこないのである。

蔦重が商才豊かな商人でそれなりの成功を収めた点、また蔦重の出版物の優れている点は評価しなくてはならないが、蔦重という本屋について注目すべきところは、むしろそれ以外にある。石川雅望《まさもち》（一七五四〜一八三〇）撰の蔦重墓碑銘は、彼の「巧思妙算《こうしみようさん》」が他の及ぶところではなかったとしている。蔦重は経営においても出版の内容においても結果を出したのであるが、そこに至る「巧思妙算」が蔦重ならではのもので、他の本屋には同様の発想がなかなか見当たらないのである。

その「巧思妙算」とは、第一に時代の「風」を読み、また「風」を作る才能であろう。作った「風」は町の注目を載せて蔦重店に集まる。彼の出版物は「風」を読んで制作されたり、「風」を起こすために制作されたり、また「風」そのものであったり、出版の発想はじつに柔軟である。十八世紀末の四半世紀を、「風」を読み、「風」を起こしつつ蔦屋重三郎が駆け抜けた後、われわれには豊かな江戸の宝物が遺されることになったのである。そして、彼のまなざしは、その「風」の及ぶべき遠い先の時空間にも向けられていたものと思われる。

浅草・正法寺にある蔦屋重三郎の墓碑

蔦重の書店営業は安永《あんえい》期から寛政《かんせい》期にかけてのことである。たった四半世紀であるが、この間に日本の歴史は大きく動いた。田沼意次《たぬまおきつぐ》（一七一九〜八八）から松平定信《まつだいらさだのぶ》（一七五八〜一八二九）政権へといった政治上の変化のことを言っているのではない。真の意味で歴史を動かす主体である民間に大きな動きが見られるのである。それぞれは汗を流して日々労働している普通の人びとである。その個々における動きは微々たるものであっても、その総体は歴史を動かす大きな原動力となる。江戸時代中期から後期へと歴史の歩みは大きく舵《かじ》を切るのであるが、その舵を切る力は民間のものである。蔦重の精度の優れたアンテナは、微々たる動きを捉えて、今後の展開を彼に予見させていったのであろう。彼の足取りをたどっていくと、彼のアンテナに導かれて、当時の時代そのものと、その展開が見えてくるのである。

第一章　吉原と蔦重

吉原の本屋重三郎

鱗形屋版吉原細見に蔦重の名

蔦屋重三郎の名前を最初に確認できる資料は、安永三年（一七七四）刊の鱗形屋《うろこがたや》孫兵衛《まごべえ》版の吉原細見《よしわらさいけん》『細見嗚呼御江戸《ああおえど》』である。

吉原細見とは、遊女屋と所属する遊女、その揚代金、また遊客と遊女屋を取り結ぶ引手茶屋《ひきてちゃや》や舟宿の一覧、吉原所属の芸者の一覧など吉原情報を一冊に盛り込んだものである。情報の正確性が求められるこの冊子は、その当時、正月と七月の年二回、改訂された新版が発行されるのが通例となっていた。また、この春秋の年二回を待たず、遊女等の異動があれば、随時版木を彫り直して修訂版が制作される。

正月と七月、新版が発行される度《たび》に、「改まりました吉原細見の絵図」などの呼び声で江戸市中を売り歩く細見売りと呼ばれる行商が現れ、歳時風俗の一つとなっていた。「細見ハよつ程先キへ遣てかい」は、大きな呼び声でもあるし、細見売りを家の前で呼び止めて買い求めるのもちょっと憚《はばか》られるという心理をうがった川柳である。「さいけんをおやぢ見つけて出さぬなり」というわけで、吉原細見はどら息子の必須アイテムなのであった。

『細見嗚呼御江戸』の刊記は「此細見改おろし／小売取次仕候／新吉原五十間道左りかわ蔦屋重三郎／安永三甲午歳／毎月大改／板元（鱗形の屋標）屋」となっていて、この吉原細見の改め・卸の業に携わっている者として蔦屋重三郎の名が版元名の前に据わっている。この細見の改めとは、吉原情報を最新に保つべく取材を行い、細見に盛り込む仕事である。ということは、本書全体の編集にも蔦重は大きく関与したものと思われる。

これには福内鬼外《ふくちきがい》、つまり平賀源内《ひらがげんない》（一七二八〜七九）の序文を戴いているが、おそらくこの起用も蔦重の発案であろう。平賀源内は、蘭学だけではなくさまざまな分野で才能の花を咲かせ散らかした。宝暦十三年（一七六三）に『根南志具佐《ねなしぐさ》』、『風流志道軒伝《ふうりゅうしどうけんでん》』という滑稽味の濃い談義本を出版して戯作流行の先鞭を付けるとともに、明和七年（一七七〇）の初作『神霊矢口渡《しんれいやぐちのわたし》』以来義太夫浄瑠璃の作者福内鬼外として多数の作品を手掛け名声を博していた。この噂の絶えない江戸っ子注視の人物、福内鬼外の序文筆者としての起用は大きな話題性を期待できるものであった。

さて、この時期、鱗形屋版の吉原細見に大きな変化が見られる。まず、安永二年（一七七三）秋の鱗形屋版『這婥観玉盤《このふみづき》』は木村屋善八《ぜんぱち》の改めであるが、それまでは横本の形式であったのを改めて縦小本に仕立て、さらにそれまで無かった「吉原名ぶつ」の記事が巻末に見られる。そしてそれらの特徴は、翌三年春の『細見嗚呼御江戸』、秋の『細見百夜章《ももよのふみ》』の蔦重改めの吉原細見にも踏襲される。後ほど触れることになるが、安永四年（一七七五）秋には鱗形屋版は出版されず、それに代わって中本縦型の蔦重版が出される。それ以後、蔦重はその書型で吉原細見出版を継続していく。そして安永五年春には鱗形屋版も並行して安永九年（一七八〇）春まで出版されていくが、それらはすべて横本である。木村屋善八改めの『這婥観玉盤』から、すでに蔦重の関与が始まっていた可能性がある。

明和七年から細見改めを続けてきた木村屋善八に替えて蔦屋重三郎が起用された理由はよくわからないが、この後の蔦重の仕事ぶりに照らしてみると、ここに吉原という機構、その顔役の意向が強く働いた可能性が高いと思われるのである。

『一目千本』と『急戯花の名寄』

安永三年七月刊の『一目千本《ひとめせんぼん》』は、蔦重最初の出版物である。序題に「華すまひ」とあるように花相撲の趣向で、半丁に二名の遊女を対にし、それぞれ四季の花々の挿花《そうか》（投げ入れ）を彼女たちになぞらえて描く。当時一流を称されてもっとも評判の高かった絵師である北尾重政が画筆を執《と》り、刊記に彫工古沢藤兵衛《ふるさわとうべえ》の名も

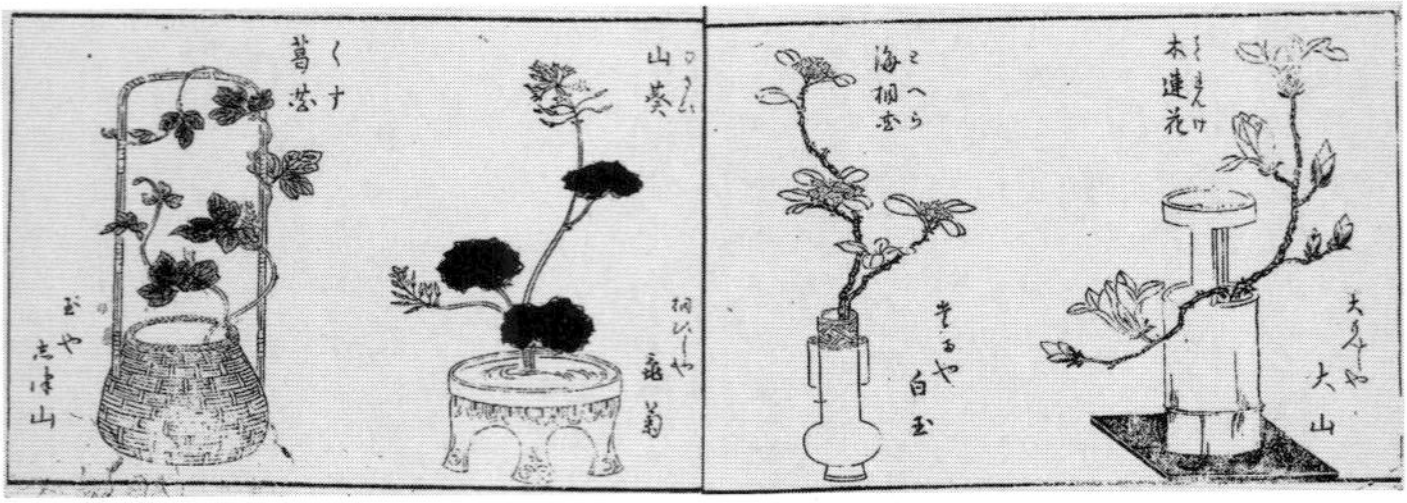

北尾重政画『一目千本』安永３年（1774）　大阪大学附属図書館忍頂寺文庫蔵

入れて、贅沢な仕立てを誇る絵本である。冒頭の口上の紅塵陌人《こうじんはくじん》、中入口上の里雀《りじゃく》、いずれも何者ともわからないが、ともに発句を添えていて、全体の趣向ともどもかなり風雅な、また高踏的な本作りとなっている。この『一目千本』は遊女評判記の一類といえばその通りなのであるが、遊女の名を添えてある挿花の絵によって、その遊女の様子に思いを馳せるのは不可能であろう。

俳諧はもちろんのこと、挿花も当時通人の間で流行した趣味である。通を気取って吉原に遊ぶ男どもの通意識をくすぐるようなおしゃれな仕立てを志したものなのである。そして、吉原という遊里の高雅を出版物上に実現しようとしたものでもあろう。

この瀟洒《しょうしゃ》で豪奢な絵本は現存品も少なく、たくさん発行されたものとは思われない。いくら一流の重政が画筆を揮《ふる》っているとはいえ、挿花の絵である。通人好みの趣向かもしれないが一般の人間が喜んで飛びつくようなものではあるまい。販売による収益で制作のために投下した資本を回収、さらに幾分かの利益を得ようとしたものではないことは明らかである。この絵本を繰っていくと取り上げている遊女屋と遊女に大きな偏りがあることに気付く。網羅的ではないのである。つまり、挿花に名を取り合わせてほしい遊女、あるいは遊女屋からの出資（入銀《にゅうぎん》　＊本の出版に際し、購入希望者や入集者が予約金を納めること。また、その金銭）で制作費用をまかなうことが前提の出版物だったと思われる。

『急戯花《にわかはな》の名寄《なよせ》』は、編者や画工の名は備わらないが、序文は「大堤下　耕書堂」、つまり蔦重によるものである。彼が全体の趣向を立案し、編纂に大きく関わったものと思われる。その序に「先に一目千本といへる書に其容光を花に模して人にしらしむ」とあって、本書が『一目千本』に続く企画であることをうたう。それぞれの

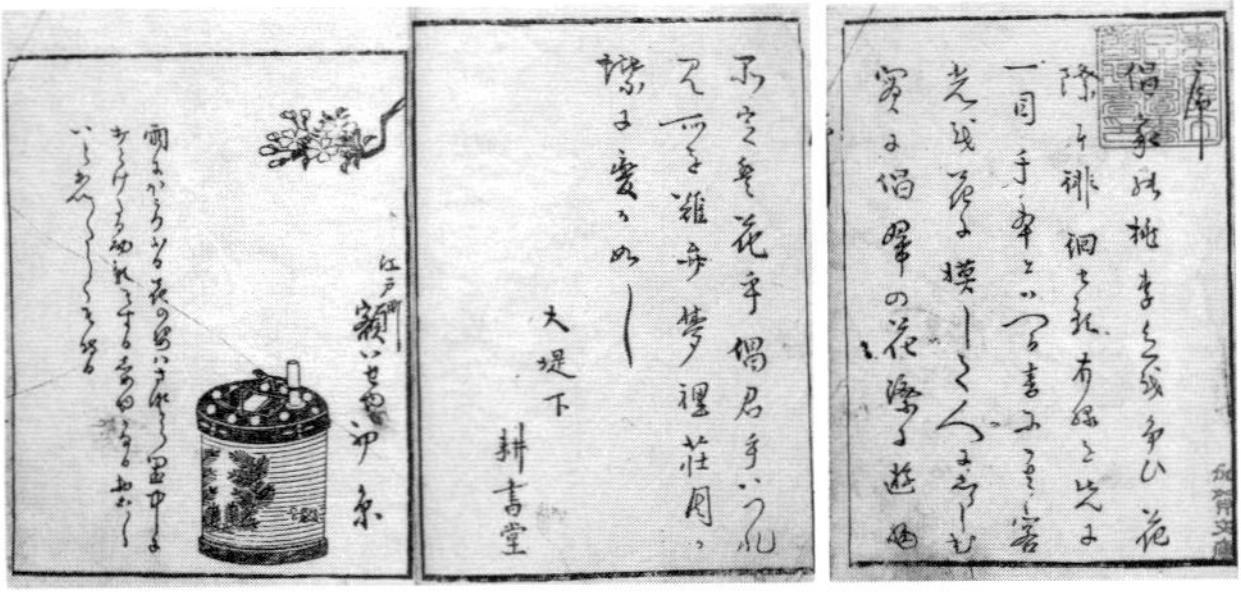

『急戯花の名寄』安永４年（1775）　東京都立中央図書館加賀文庫蔵

紋と合印を描いた遊女の箱提灯に桜花をあしらった半丁に、当該遊女の評が記載されている。その評は、たとえば扇屋花扇であれば「いわての山の岩つゝじ、いわねばこそあれ、恋しきものと玉つさの見事さたぐひなし」といった調子である。俳諧趣味が濃厚であった『一目千本』に対して、こちらは和文調の雅を心掛けている。また、『一目千本』が遊女を花に見立てるというはぐらかし方をしていたのに対し、より遊女評判記的な仕立てを意識している。ただし、『一目千本』同様、遊女屋と遊女に偏りがあり、これも入銀による仕立てであると思われる。

本書の表題からは、安永四年三月の真崎《まつさき》稲荷《いなり》社祭礼の附祭として行われた吉原俄《にわか》に合わせて発行されたものと思われる。俄とは吉原の行事の一つで、吉原芸者等が総出で歌舞や寸劇を中の町で繰り広げるものである。しばらく途絶えていた行事なのであるが、この安永四年に復活した。また三月の吉原は桜の行事の時期でもある。根付きのままの桜を調達し、中の町通りに植え並べる豪華な行事を目指して江戸中から見物客がやってくる。『急戯花の名寄』の刊行は、吉原俄や桜見物に出掛けた記念に見物客が買い求めたり、あるいは得意客への土産として贈るべく遊女や遊女屋が買い入れたりといった需要を見込んだものなのであろう。

現在は石浜神社（東京都荒川区）の一角にある真崎稲荷社

　とすれば、前年七月発行の『一目千本』も同様の出版物と考えられるであろう。七月には、昔年の名妓玉菊《たまぎく》を追善《ついぜん》するという名目で、細工を施した灯籠を吉原各町で懸け並べるという行事もある。最初期の蔦重版は、吉原挙げてのイベントとともにあった。

吉原の行事は集客のためであり、吉原のイメージアップのための宣伝でもある。それら行事に花を添えるべく、おしゃれな冊子の発行を企画したのが若き蔦屋重三郎であった。そしてそれは、吉原という機構の戦略とともにあった。

吉原細見『籬乃花』を出版

この安永四年の七月、蔦重は吉原細見『籬乃花《まがきのはな》』の出版を手掛ける。以後、吉原細見は、天保八年(一八三七)に蔦重が株を手放すまで店の象徴的出版物としてその営業の太い柱となっていく。

蔦重がこの吉原細見を出版できた理由として、これまで蔦重が改めの仕事として関わっていた鱗形屋孫兵衛版の吉原細見が出版されない事態になった、もしくはこれを手掛ける余裕が鱗形屋になかったからであると言われている。この年五月、大坂坂版の字引『増補早引節用集』の海賊版が江戸で作られたことが問題になり、大坂

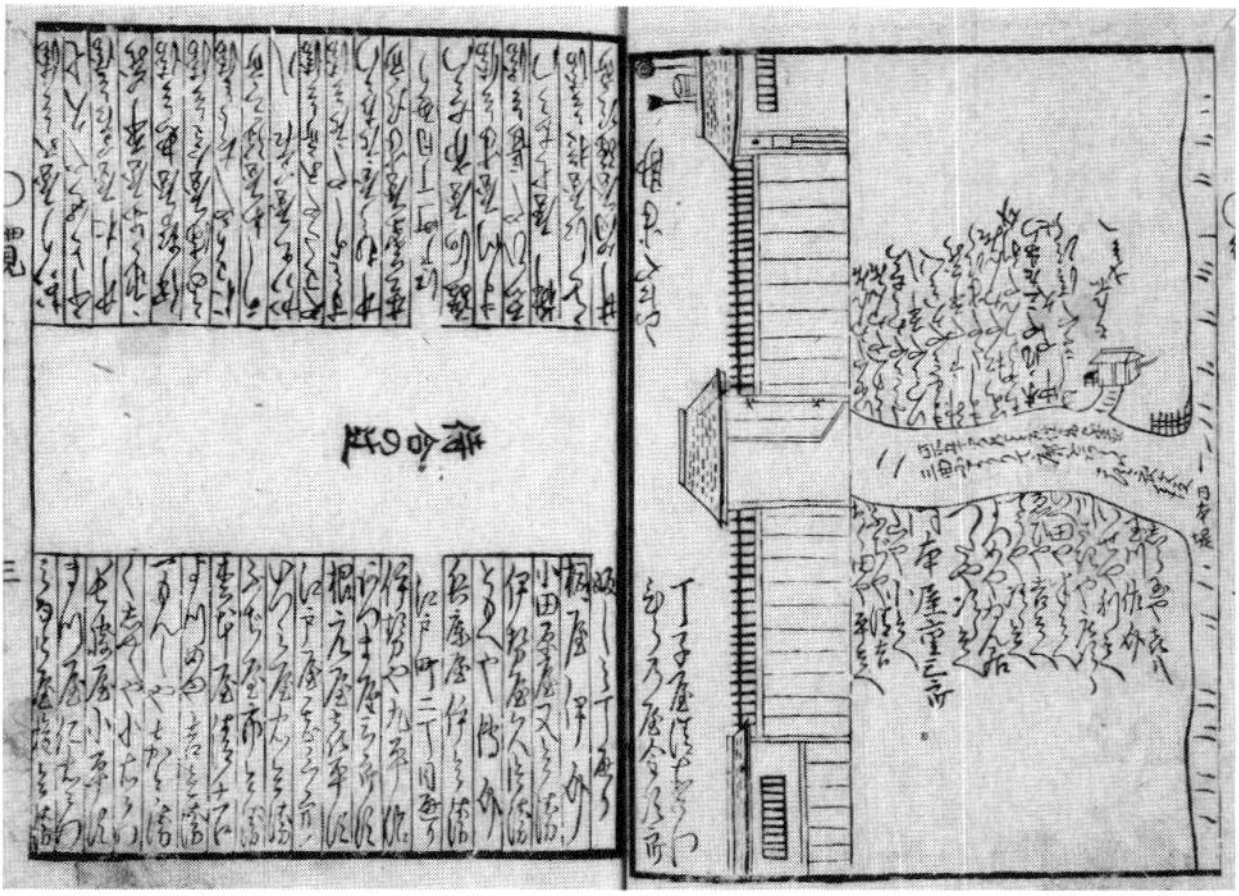

吉原細見『籬乃花』安永４年（1775）　西尾市岩瀬文庫蔵

の版元は江戸で訴訟を起こす。内済で収められたが、この時の証文（大坂本屋仲間記録『差定帳』所収）によれば、版木七十一枚を誂《あつら》えて三千四百冊摺《す》り立てるという大規模な海賊版であった。版木と摺本を置いておく広い場所も必要であり、かなりの数の職人が出入りしないと出来上がらないであろう。鱗形屋の手代がこの海賊版の制作を企てたということになっているが、鱗形屋がこれに気付かずにいた、関与していなかったというのは不自然であろう。三年後の安永七年（一七七八）に海賊版の字引を売り捌《さば》いたことで鱗形屋孫兵衛は処罰を受けるが、この一件に照らしても、安永四年の海賊版に鱗形屋が無関係であるとは考えにくいのである。というわけで、この一件への対応で、吉原細見の出版にまで手が回りかねる状況、あるいは、他の「助力」を受け入れる余地が生じていたと思われる。吉原細見が出版されないということは公許の遊廓吉原では許しがたいことであるはずで、そういった吉原側の後ろ盾を得て蔦重が任されることになったものであろう。

この蔦重版吉原細見には鱗形屋版に無い大きな様式上の特色がある。鱗形屋版が縦型小本で半丁に一軒の遊女屋の記事を組んでいたのに対して、蔦重版は縦型中本という一回り大きい書型を用いて、道をはさんで二軒の遊女屋の記事を半丁に入れ込んでいる。つまり半分ほどの紙数で収めているわけである。版木の枚数、彫師・摺師への手間賃、さらに出版費用の最大の要素である紙代が節約されることになる。蔦重版は安く卸すことができたに違いない。もともと蔦重を支援しているはずの廓内の商店や茶屋などが蔦重版を贔屓《ひいき》しないはずはなく、江戸の書店や細見売りにしても、安い卸値の品を仕入れるのは必然、鱗形屋版が復活しても、他の版元が出版しても、蔦重版を切り崩すことは難しいであろう。吉原細見は、蔦重が一手に手掛け、この店の営業の柱の一つとなっていくのである。

生い立ち

石川雅望による蔦重の墓碑銘に「喜多川柯理、本姓は丸山、蔦屋重三郎と称す。父は重助、母は広瀬氏、寛延三年庚午正月初七日、柯理を江戸吉原の里に生みて出づ」（原文は漢文）とある。寛延三年（一七五〇）正月七日、蔦重は江戸新吉原に生まれる。父丸山重助の素性についてはは明らかにできないが、大田南畝撰文の蔦重の母（寛政四年〈一七九二〉没）の墓碑銘には「広瀬氏は書肆《しょし》耕書堂の母なり。諱《いみな》は津与《つよ》、江戸の人。尾陽の人丸山氏に帰し、柯理を生む」（原文は漢文）とあって、父重助は尾張出身らしい。縁故を頼って吉原に来て働いていたものであろう。母は広瀬津与で江戸の人ということであるが、これもはっきりとはわからない。蔦重の墓碑銘には「幼にして喜多川氏の養う所となる」とあり、蔦重の母の墓碑銘には「小

蔦重の墓碑銘の部分

人七歳にして母に離る」とあるので、母が丸山重助と離縁した七歳の時に蔦重は喜多川氏の養子となったものと思われる。残念ながら喜多川氏が何者であるのか、またこの間のいきさつについても不明のままである。蔦重の墓碑銘に「後、居を油街に移し、すなはち父母を迎へ粮たてまつりぬ」とあるので、喜多川家に行ってからも縁は続いており、天明三年（一七八三）九月には両親を日本橋の新居に迎え入れている。

　天明三年、江戸狂歌が流行し始めた時、吉原連が即座に結成されたように、また大門口の酒屋奥田氏の嫡子、狂名大門《おおもんの》喜和成《きわなり》が伊丹にて不帰の客となった時の追善集に蔦重母と蔦重夫人を含む多数の吉原者が追善の狂歌を寄せたように（天明四年〈一七八四〉蔦重刊『いたみ諸白《もろはく》』)、吉原という地は血縁・地縁の密にからみ合って一体化した共同体であったのであろう。蔦重は吉原に生まれて吉原に育てられたと言ってよい。

安永五年（一七七六）春の蔦重版に『青楼奇事烟花清談《えんかせいだん》』がある。半紙本五冊の読本で、昔の吉原の逸話を集めたものである。蔦重最初の出版物である安永三年刊『一目千本』の広告に「名取客名取君吉原古代噺近日出来」とあるのがこれに該当しよう。とすれば、本書出版の構想は早い段階で立っていたわけである。作者は序文筆者の葦原駿守中、序末署名の脇に「守中」「魚躍《ぎょやく》之印」の二印があり、「魚躍」の号を確認できる。この人物は吉原中の町の引手茶屋を経営する駿河屋市右衛門である。曲亭馬琴《きょくていばきん》の『吾仏乃記《あがほとけのき》』にもその人物について述べたであろうと思われる箇所があり、「畊書堂の主人に叔父あり。尾張屋其甲《ママ》と云。新吉原仲の町なる。七軒第一の茶屋にて。其家頗富り」（家譜改正篇五）とある。引手茶屋は、吉原の中心を貫く大通りの、中の町に店を構える茶屋で、低級の切り店などは別にして、基本的にはこの茶屋を通さないと遊女屋で遊べない。遊女屋に対しては客の質（経済力等）を保証し、客には相応の遊びの質を保証する仕事である。吉原での遊びの決済はすべてここを通じて行われる。大門から七軒目までの茶屋は格式高く吉原の有力者である。馬琴の言う尾張屋は七軒の中には無く、これは駿河屋の間違いであると思われる。おそらくは母方の叔父であろう。とすれば実母の兄か弟であり、吉原の有力者として若き蔦重の後ろ盾となっていたと思われる。『青楼奇事烟花清談』は、自身の文芸趣味を満足させつつ、書籍営業を始めたばかりの蔦重への支援の意味で彼が出資して制作させたものなのであろう。

「魚躍」は俳号である。秋田佐竹藩留主居役の佐藤又兵衛、俳名朝四《ちようし》の随筆『古《こ》事記布倶路《じきぶくろ》』（寛政三年〈一七九一〉成）に、「駿河屋魚躍が二階にて俳諧」の席が設けられたことを記している。四方赤良《よものあから》編の狂歌撰集『万載《まんざい》狂歌集』（天明三年刊）にも一首入集していて、文芸趣味の濃い人間であったことがうかがえる。彼の存在は、おそらく吉原内外の俳諧を中心とした文化的交流を促し、吉原の文化的水準を支えている一角であったと思われる。

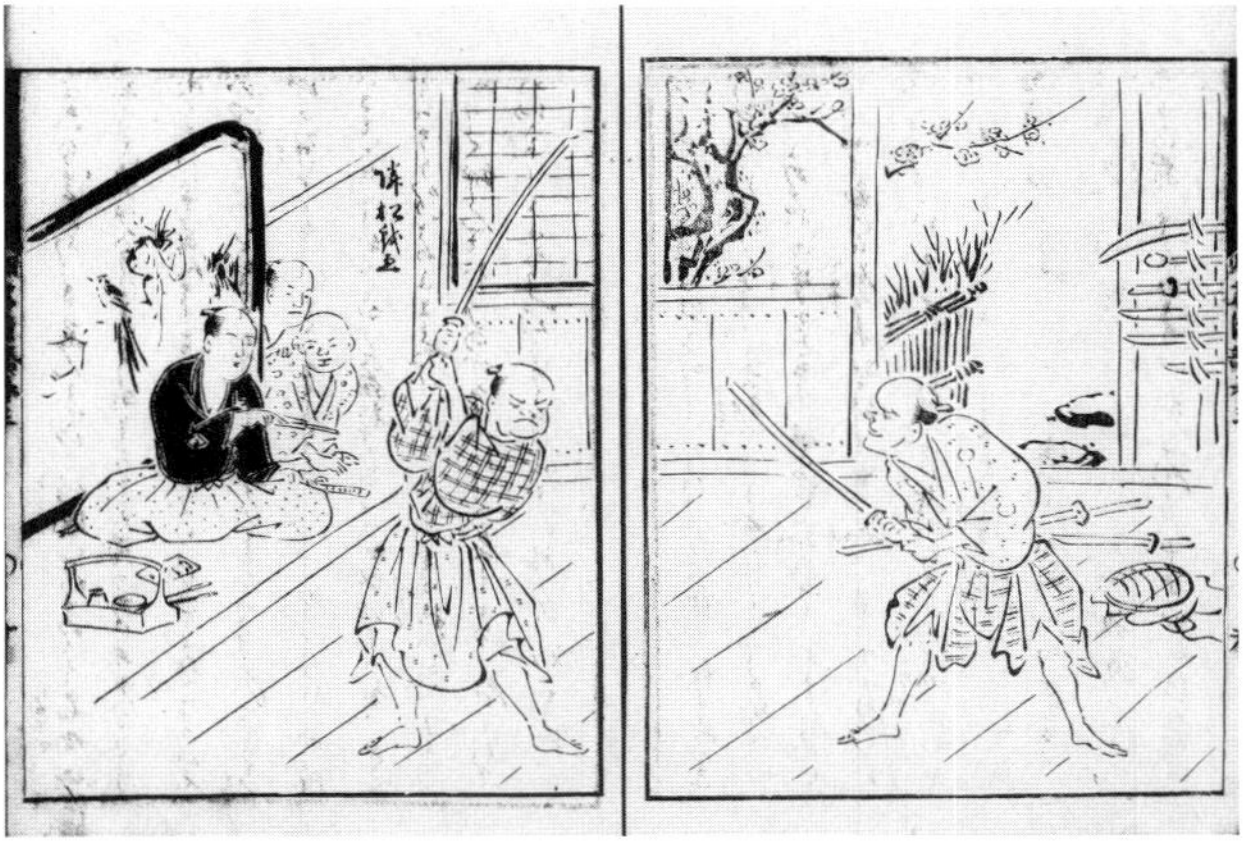

葦原駿守中作、鈴木鄰松画『青楼奇事烟花清談』安永５年（1776）　東京都立中央図書館蔵

一陽井《いちようせい》素外《そがい》編『誹諧古今句鑑』（安永六年刊）に蔦重は三句入集している。

若菜摘野の初ものや都人　蔦十
鳩なくや棟花さく朝ほらけ　蔦十
葛水や気は寒暖の器もの　蔦十

『急戯花の名寄』の蔦重による序文からも、培ってきた教養の一端をうかがうことができるが、俳諧などの文芸にも親しんでいたことは明らかで、それは吉原という地の文化的高水準と、吉原が文芸やその他の諸芸を介したネッ

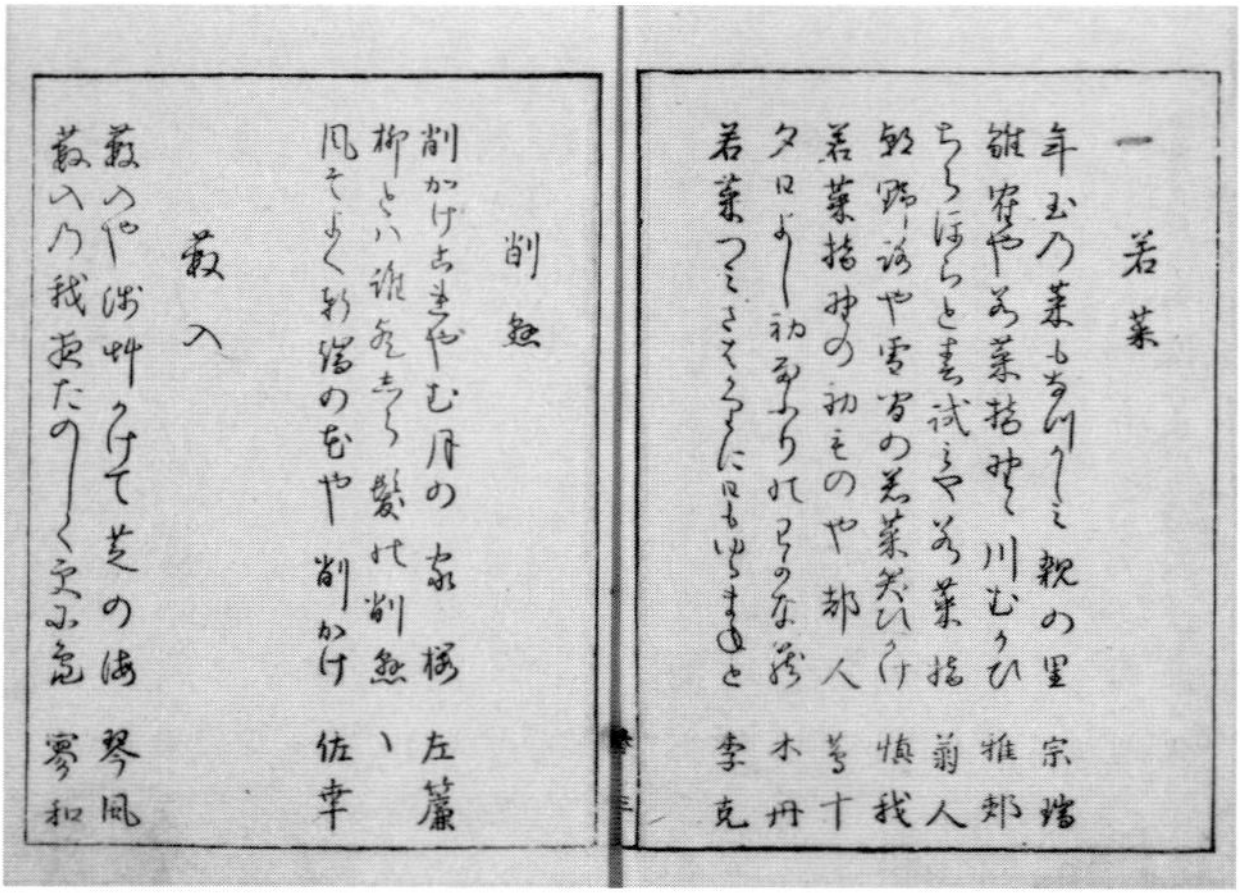

一陽井素外編『誹諧古今句鑑』安永６年（1777）　早稲田大学図書館蔵

トワークの拠点であったことが大きいものと思われる。この『誹諧古今句鑑』には、他に花藍《からん》の俳号で北尾重政の句も散見される。安永期は、とくに俳諧による人的つながりが、吉原を大きな拠点として成立していた感があり、駿河屋市右衛門はその拠点のキーパーソンの一人であったと思われる。また彼は直接的に蔦重に影響を与えた存在であったかもしれない。蔦重の教養を含めた人となりは、吉原によって育まれたものと考えてよかろう。

さて『吉原春秋二度の景物』（梧桐

久儔著、文化七年成）という吉原の行事について記した随筆がある。そこに「此頃は年々仁和歌絵草紙板行出たれば、其草紙にくわしく見ゆ、蔦屋重三郎五十間道住など始之絵草紙屋となりしはじめ也、駿河屋市右衛門など艸紙の板行世話しける」との記述が見られる（『未刊随筆百種』二）。「仁和歌絵草紙」は、番付をはじめとした吉原俄に際して発行された出版物であろうが、その発行が「此頃」ということ、つまり以前は発行されていなかったという指摘は重要である。そして、それが蔦重から始まること、またその出版に際して駿河屋市右衛門が「世話」したという証言も貴重である。おそらく事は俄に限らない。最初の出版物『一目千本』、また『急戯花の名寄』についても、駿河屋の働きかけによって吉原挙げての協力態勢を得た上での出版だったはずである。そして、それはこの時期、蔦重という本屋の登場とともに始まった。吉原はその史上初めて吉原という地から出版物という媒体をもって吉原情報を発信し、吉原を広告し始めたのである。くどいようだが、その発想はこの若き本屋によるものであったと思われる。

戯作者の内新好《ないしんこう》の洒落本『一目土堤《ひとめつつみ》』（天明八年〈一七八八〉序）に「松金屋の一丸や正六が居ねへ物だから。燈籠《とうろう》でも俄《にわか》でも臨時《りんじ》の事に付ては。今じやァ表だつて世話のやきてもなし」と見える。蔦重による出版事業も含み込んで、安永期に入って盛んに展開される吉原の諸行事は、駿河屋市右衛門のような茶屋や、主導的な立場にいた彼ら妓楼の主人たちの「世話」で始まり、しばらく継続されていったものと思われる。「正六」は角町の大黒屋庄六で、俳号は秀民、十八大通の一人に数えられた名物男であった。安永八年（一七七九）、彼は見番を設立し、吉原芸者の管理を買って出る。これによって吉原が、名実ともに一流の芸を売り物にする場所となる。そして見番による収益は土手普請や下水整備など吉原振興に寄与する事業に振り向けられたといわれている。彼のような目端の利いた人びとによってなされた吉原の改革に蔦重は深く関与していたわけである。

吉原細見『籬乃花』の出版についても、駿河屋市右衛門など吉原の顔役によって廓内の合意が形成された上でのことと考えるのが自然であろう。これまで江戸の地本問屋に任せていた出版物が、本拠地である吉原から発行されることは、これまで誰も考えてもいなかったこと、これは快挙である。幼時から蔦重の成長を見守ってきた吉原の人びとにとっても喜ばしいことであったろう。『籬乃花』の巻末に収録されている「吉原名物」に「よしはらさいけん是もあき人の家々に有」とあるように、吉原細見は廓内および周辺での取扱いが大きい商品である。吉原との関係が深いということもあって、廓内および周辺の商店は蔦重版吉原細見の取扱いを重視したことは容易に想像できる。

『青楼美人合姿鏡』と「雛形若菜初模様」

安永五年（一七七六）正月、日本の絵本出版の歴史を語る上で外せない傑作『青《せい》楼《ろう》美《び》人《じん》合《あわせ》姿《すがた》鏡《かがみ》』を蔦重は出版する。北尾重政と勝《かつ》川《かわ》春《しゅん》章《しょう》という当代きっての人気絵師による遊女の画像を主とした多色摺の豪華な絵本である。料紙も吟味された大本三冊の堂々とした造本で、彫板・摺刷も精良、まさに贅沢の極みというべき絵本である。『一目千本』や『急戯花の名寄』と同様、遊女屋や遊女の描かれ方に偏

北尾重政作、勝川春章画『青楼美人合姿鏡』安永５年（1776）　国立国会図書館デジタルコレクション（https://dl.ndl.go.jp/pid/1286934）

りがあり、これも出資を募って制作されたであろうことは疑いない。蔦重の企画力と廓内を取りまとめるための人脈があっての作品である。

吉原の贅沢をそのまま詰め込んだようなこの絵本は、吉原で企画されて吉原から出版されたということもあいまって、かなりの話題性をもって江戸市中に迎えられたものと推測される。そしてそれを狙った企画でもあったのであろう。この吉原を広告する思い切った仕掛けを行いえたのは、蔦重という若い本屋を吉原という機構が抱え込んだこと、彼の企

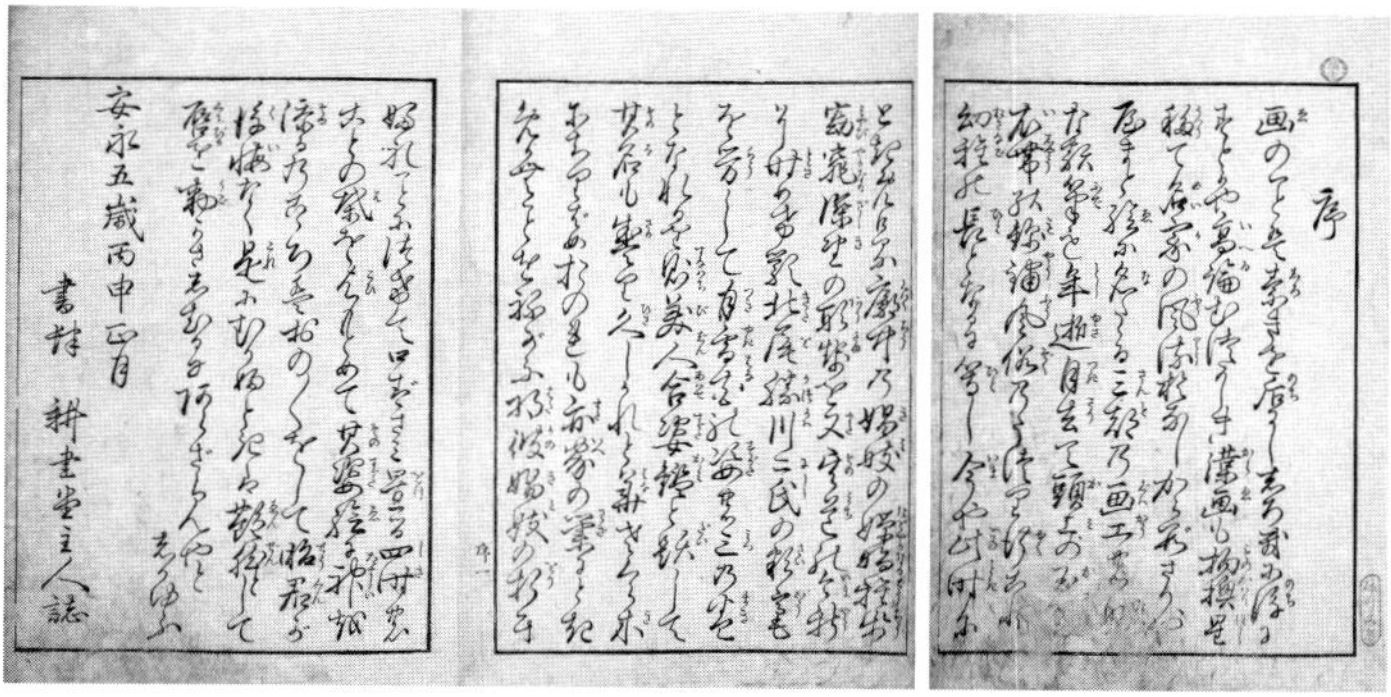

北尾重政作、勝川春章画『青楼美人合姿鏡』序　安永５年（1776）　国立国会図書館デジタルコレクション（https://dl.ndl.go.jp/pid/1286934）

画・発案を吉原を挙げて後押ししていく態勢があってのことと思われる。

この『青楼美人合姿鏡』巻頭の蔦重の序文に、遊女たちが詠んだ四季の発句を乞いもとめて彼女たちの画像に命を吹き込むとあるように、下巻は図像を掲載した遊女たちの発句集となる。これも、吉原の文化的優位を強く演出しているのであるが、俳諧の風雅をもって廓内でつながり合い、廓外のさまざまな人間との交流の場として吉原という場があったことを背景としている。

「雛形若菜初模様」は礒田《いそだ》湖龍斎《こりゅうさい》（一七三五～九〇）による遊女絵の連作である。鈴《すず》木《き》春《はる》

礒田湖龍斎「雛形若菜初模様 玉や内しら玉」安永4年（1775）頃　東京国立博物館蔵
出典：ColBase（https://colbase.nich.go.jp/）

信《のぶ》後、美人画の第一人者として安永期の浮世絵界に重要な位置を占めたのが湖龍斎であり、この連作はその代表作の一つである。この大判錦絵の連作は安永四、五年から始まり天明初年までの期間に百五十点ほど刊行された。ここまで長期にわたる大規模な遊女絵の連作は、これまでの浮世絵出版の歴史の中には無く画期的である。版元は永寿堂西村屋与八、各枚「永寿堂」の方形版元印が据わっている。その連作の安永五年から六年前半までに刊行されたものの中に、「永寿堂」印とともに「耕書堂」という印文の円形印のあるものが十点以上確認されている。

高位の遊女で描かれていない者もいるが、連作全体を見渡すとかなり網羅的である。次々と新たな遊女絵が版元西村屋与八を介して江戸市中の絵草紙屋を彩るこの継続的な出版は、話題性十分であり、吉原の有力な広告となる。遊女屋や遊女から出版資金の一部が拠出されたことも想定される。これまで蔦重が手掛けてきた出版物に極めて近い発想がこの企画にある。吉原が西村屋に働きかけて実現した企画であろうし、その橋渡しをしたのが蔦重であったろう。そして、どういう順番でどの遊女を描かせるかといったことなど調整と協力依頼を継続的に行い、吉原における販売を手掛けたのも蔦重であったはずである。

江戸時代中期の江戸

江戸は、そもそもほとんど何も無い原野を造成した人工都市であった。江戸城を中心にしてその北側に幕臣の居住地、その周囲、多くは南東域に各藩邸を配置した。多くの武士が出入りし、居住する特殊な人口構成の都市となる。また寺院や神社も新たに多数創建された。彼ら非生産者の日常を支え、都市としての機能を維持していくために、多数の町人がここに移り住むことになる。彼らはいずれもこの土地に由縁のある者たちではなく、全国あちこちからやってきた人たちであった。

地域の文化は一朝一夕に成立するものではない。開府当初の江戸という都市において、文化的な製品はほぼ上方からの移入に頼ることになる。書籍や文房具、薬品や化粧品、小間物類、酒や調味料等々。学問や文芸、また芸能もしかりである。文化的に優位な上方に対して江戸人は劣等感を持ち続けることになる。下り酒、下り本、上方から江戸に下ってきたものは高級品であり、江戸自前のものは下らないものであった。

それが、開府後百年も過ぎたころ、租税負担も緩やかになった農村のゆとりが都市にも及び、経済が上向きになっていくが、江戸も例外ではない。江戸も多数の人びとが流入し大きくなっていくとともに都市としての機能を高めていく。小網町《こあみちょう》

歌川広重「よろゐの渡し」（『江都勝景』より）天保中期　東京都立中央図書館蔵

など日本橋の周辺には、各地からの物資が陸揚げされ、日本橋の市場から青物や魚が江戸中に流通していく。

野田や銚子《ちょうし》で作られた醬油も江戸湾を通ってここに陸揚げされ、江戸好みの味付けを支えていく。伏見《ふしみ》や灘《なだ》、伊丹《いたみ》から来る下り酒を待たずとも、隅田川《すみだがわ》諸白《もろはく》など、地元でそこそこの酒も醸せるようになった。市川團十郎の荒事《あらごと》や天下祭りの豪壮は江戸の人びとの心を揺さぶり、豊後節《ぶんごぶし》など江戸浄瑠璃や江戸座の俳諧も盛んに行われるようになった。急カーブを描いて伸長していく江戸という都市は、町全体が一種の高揚感に包まれていく。自前の物産、地域の文化についての上方に対する劣等意識はどんどん希薄になっていき、江戸に生まれ育ったことをむしろ誇りとする意識が生じてくる。「江戸っ子」の誕生である。

江戸人による江戸賛美、江戸っ子意識の醸成に大きく貢献したのは錦絵という様式の浮世絵であった。浮世絵はそもそも墨摺《すみずり》で制作されていた一枚摺の版画であったが、その商品価値を高めるために徐々に工夫が凝らされていく。膠《にかわ》を混ぜた艶墨《つやずみ》を帯などの一部に用いて画面に強い印象を与えたもの（漆絵）、手彩色で数色を加えて華やかにしたもの（紅絵）、その数色を色板を使って施したもの（紅摺絵）などが作られたが、色板を使ってフルカラーの印刷にしたものは出版されなかった。技術の問題ではなく、おそらく採算の問題であろう。浮世絵は生活をする上でなくてはならないものではない。であれば、生活のあぶくをあてにする低価格のものでなくてはならない。制作費をかけて高く売る贅沢品ではないのである。

明和二年（一七六五）、大久保甚四郎（俳名巨川《きよせん》）と阿部八之進《あべはちのしん》（俳名砂鶏《さけい》）が中

心となって大小摺物を制作し交換する会が始まり、これが次第に流行していく。太陰暦が行われていたこの時代、毎年月の大小が異なるのであるが、その年の大の月、小の月を画面の意匠の中にパズルのように組み込んで摺物に仕立てたのが大小《だいしょう》である。まさに金に糸目を付けない趣味の世界である。贅沢な印刷を競って、ここに色板を何枚も用いたフルカラーの木版印刷が誕生する。大小は年初に交換し合えばその制作に用いた版木は御用済となる。制作に関与した草紙屋がそれを用いて「吾妻錦絵」と題して一般向けに売り出したものが好評をもって市中に迎えられる。制作にかかるコストが販売部数で相殺できることが業界周知のこととなり、ほぼ一斉に浮世絵の様式が錦絵に転換していく。

「文久四年大小」文久４年（1864）　個人蔵

鳥居清長画『恵合余見　天明七年丁未』天明７年（1787）　国立国会図書館デジタルコレクション（https://dl.ndl.go.jp/pid/1286782）

明和四年（一七六七）の序を持つ大田南畝の狂詩集『寝惚先生文集』の「東《あづまの》錦絵《にしきえ》を詠ず」と題する狂詩に「たちまち吾妻錦絵と移ってより、一枚の紅摺沾《う》れざる時、鳥《とり》居《い》は何ぞ敢えて春信に勝《かな》わん、男女写し成す当世の姿」とある。その様式転換の速やかさと江戸人にとってこれが大事件であったことが伝わってくる。「鳥居」は、芝居絵をもっぱらとして当時浮世絵の世界で主流を占めていた一派である。人物の描き方は様式的であった。それに対して、この錦絵が面目を新たにしたのは様式だけではなく、男女の「当世の姿」を写しおおせた画風にもあった。鈴木春信の知性あふれる画風はおしゃれと機知を競う大小摺物にぴったり適合していて、錦絵の流行は春信人気の沸騰でもあったのである。そして、錦絵様式を得た浮世絵は江戸を代表する物産となり、江戸人の誇りとなっていくのである。

南畝の一歳年下の蔦重も、南畝同様この間の「事件」に接していたはずである。『絵本青楼美人合』を企画した時には、明和七年（一七七〇）刊の春信絵本『絵本青楼美人合姿鏡』という遊女の画像集が念頭にあったはずである。その後を襲うものであることは歴然の標題だし、同様の豪華さである。また、「雛形若菜初模様」の連作企画の発想は、春信の楊枝屋おいくや笠森おせんなどの素人娘を描いた諸作品がヒントになったのではなかろうか。錦絵誕生の話題性とともにあったのが、「素人娘ブーム」で、春信の諸作は、そのブームに乗っかったものではあるが、そのブームの強力な追い風となったと思われるのである。この現象は浮世絵のメディア性と広告機能の可能性を物語るものであり、蔦重の企画はこの力を戦略的に取り込んだものであったろう。

さて、大小の会を始めた巨川と砂鶏の二人は牛込に住む幕臣、旗本であった。徳川綱吉の側近柳沢吉保《やなぎさわよしやす》に仕えた、荻生徂徠《おぎゅうそらい》が提唱した古文辞学《こぶんじ》は儒学の世界を席巻し、江戸発のこの学問は全国に広がった。徂徠が学問の方法として積極的に推奨した漢詩実作は武士たちに自己表現の愉悦を与えて、その表現は漢詩以外の文芸にも及んでいった。

江戸時代、学問はすなわち倫理であった。武力を捨てた武士が人びとの上に立つ存在としてこの時代に位置を占めるには、学問を積んで自身の徳を高めていき、人びとの模範となって生きなくてはならない。武士にとってそのための学問であった。しかし、すでに家筋によって役職と報酬が固定化されていたこの時代、いくら学問に秀でていたにしても、それ相応の生き方がその社会に用意されていたわけではなかった。持て余した才能と教養を、一部の武士たちは漢詩や和歌などの文芸に振り向けて心やりとした。

いっぽう、経済的余裕が生じ始めた都市では文化的な領域への投資も行われ、人的交流も活性化し、文化全体が底上げされていく。文化的な高みにあった武家社会の知性と趣味は彼ら都市民の欲するところであった。暇と才能を持て余した武士たちを余裕の生まれた都市は迎え入れ、武士たちは都市の中に自己を解放できる居場所を見付けていった。武士という教養層の切り開いた文芸世界は、文化力を増した町の中に浸透する。文芸だけではない。知性に裏打ちされた彼らの趣味の世界が町に刺激を与え、武士・町人が身分に拘泥せず交流し合う場がさまざまな領域で形成されていくのである。大小の会しかり、浮世絵という俗な世界と雅な趣味が交錯して新たな文化がこのようにして生まれていった。

安永元年（一七七二）一月、田沼意次が老中に就任する。印旛沼《いんばぬま》干拓など頓挫した計画もあり、また浅間山噴火やそれに続く飢饉、将軍逝去や息子である意知の刃傷死などの不運が決定機となって、政権の終わり方は悲惨なものであったが、安永期から天明の初年にかけての意次の施政は、発展高揚していく都市の勢いを削ぐものではなく、積極的な経済政策はむしろその気分の追い風であった。経済が活性化し、さまざまな思惑の人材が流入し、武士と町人が交錯していく。平賀源内は、このような中でばたばた動き回った人間の典型である。

通という美意識と吉原

さて、この江戸賛美の高揚感の中で生まれた美意識が「通《つう》」である。簡単に言えば、この時代の江戸という都市におけるおしゃれなかっこよさを表す言葉である。通な人は「通人」と呼ばれる。では何がおしゃれでかっこよかったのか。まず服装・持ち物・髪型などの外見に関わることであるが、これらはいずれも流行の中にあるものである。衣類の流行色や柄、また丈などめまぐるしく流行りが移り変わる。煙管《きせる》や煙草入れなども、流行の素材や仕立て方があって、通人御用達の店があった。髪型も、この当時は本多という結髪が全盛であるが、その本多にも品々ある。都市の流行は日々変化しているが、それに対応できていること、流行を絶えず意識していることが通とされる。これに頓着しない田舎侍などは野暮《やぼ》とさげすまれるのであるが、あまりとんがりすぎていても「いきすぎ」と言われて野暮同然の扱いとなる。

今でも流行語というものがあって、あっという間にそれも古びていくが、この時代も同様であった。言葉の選び方、会話の巧みさはおしゃれの重要なポイントである。通人たるもの流行語に通じていなくてはならないのであるが、これも通人ぶってくどく連発するとこれまたいやみな野暮となる。

また映画通とか料理通とかいう言葉は今も普通に使われているが、ある分野に通じていること、最新の情報の蓄えがあることはかっこいい。それも、流行の最前線、まだ誰も気付いていないような事象やスポットをいち早く指摘できれば株を上げることができるだろう。「○○という料理屋では▲▲という新しい趣向の吸い物を出してくる」とか、「茶屋に最近勤めだしたおねえちゃんが美しすぎる」とか、「●△という大坂の役者が今度の春狂言に出勤するらしい」とか……。

でも何よりも重要なことは、その場に相応《ふさわ》しい言動ができるかどうかであった。つまり、その場にいる人の心に通じているかどうか、今流に言えば「空気を読めているかどうか」ということである。ここに経験と知性がものを言う勘所がある。

通をもっとも問われるところは遊びの場である。吉原が通を競う場となるのは必然であった。最新のおしゃれな装いに身を包んだ者たちが集まり、最新の情報に話の花を咲かせる。贅沢とおしゃれが凝縮した世界となる。流行の最先端の地であり、文化的な高みを保持している吉原は江戸っ子が絶えず気に懸けている場である。そこで通と目されることは快感であったろう。蔦重の出版物が通という美意識をくすぐるように仕立てられるのも当然である。

吉原は蔦重という人材を得て、戦略的に江戸市中への広告を出版物で行い始めた。長年途絶えていた俄を復活させたのも一連の動きであろう。行事に際して番付など広告機能を持ったもの、吉原出来の吉原情報誌吉原細見、また吉原全体を高雅に演

歌川豊春画「浮絵和国景跡 新吉原中ノ原之図」明和〜安永期（1764〜81）
島根県立美術館蔵（新庄コレクション）

出する出版物を西村屋与八などの地本問屋を介して江戸市中の人びとに注目させるべく彼は働いたのである。

食・芸・女性、どれも頭抜けて豪華な公認の遊里吉原は、江戸という都市の繁華の象徴であり、江戸っ子の江戸自慢のたねであった。江戸見物の目玉の一つでもある。権力と文化力、また札差《ふださし》（※幕府の旗本や御家人に支給される俸禄米の受取・売却を請け負った商人）や魚河岸の旦那衆などの経済力に守られた地位は鉄壁なように見えるし、吉原もがつが

歌川広重画「江戸高名会亭尽 深川八幡前」天保10年（1839）頃　国立国会図書館デジタルコレクション（https://dl.ndl.go.jp/pid/1307470）

つ集客を図ったりするようなことも無く、安泰然としたそぶりを崩さなかった。それがここにきて、積極的なアピールを行いだしたのは、蔦重という切れ者が現れたからというだけではない切実な事情もあったと思われる。それは、非公認の遊里岡場所《おかばしょ》の隆盛である。とくに深川の人気は安永期からめざましいものがあった。江戸市中からは吉原より断然近く、店者が仕事を終えてからでも舟であっという間にたどり着ける。遊興費も吉原ほど高額ではなく、格式ばってもおらず、身の丈に合った手頃な遊びを得られるのである。経済的に突出した吉原贔屓の旦那衆は変わらず吉原の経済を支えてくれてはいるが、それに至らない遊びたい盛りの若い手合いの集客は深川とかち合ったりするわけである。吉原という機構全体が抱えるそのような減速感を打開する必要を感じ始めていた折に、機構の内部から頭角を現したのが蔦重であったのであろう。

吉原発の当世本

戯作と通

さて、持て余した才能を文芸に振り向けていった武士たちの間で発生した、新たな文芸が戯作である。四書五経《ししょごきょう》をはじめとした漢学修業を通じてこれまで培ってきた学問世界の言葉をことさら用いて卑俗な世界を表現し、そのギャップを笑いとしたものである。レベルの高い学問の素養があってこそ笑えるようなペダンティックなものである。一人書斎で表現の彫琢に励むようなものではなく、仲間内で競い合って哄笑する類のものであった。遊里の様子を堅苦しい漢文で叙述するような戯文が作られた。それが、小説的結構を備えていって洒落本が生まれる。折しも世を挙げて通の時代、戯作の目指すところ、戯作の動機、戯作に通底する美意識も通となる。いかに最新の情報を取り入れて、皆がまだ気付かずにいるところ（これを「穴」と言い、それを指摘することを「穴をうがつ」、指摘そのものを「うがち」と言う）を鋭く突くこと、教養に裏打ちされた巧みな表現でセンスのいい笑いを勝ち取れるかが競われる。つまり、他に優位に立つ自分自身の通を戯作という表現で実現する試みである。

先に大小の会のことを話題にした。会は通意識の産物である。趣味を同じくする選ばれた仲間との集まりは、他との差異を際立たせて優越感を得られるものである。会に参加することはかっこいいことであり、会に参加していることをもって自分の通を確認できる仕組みである。戯作も、もともとは同好の顔の知れた人間同士の楽しみであった。もとより、本来的な武士としての生き方から外れた人格を虚構して戯れに作ったもの、原稿料などという野暮な発想はなく、大小の会同様趣味の世界である。見栄を張って制作費を負担して小冊を懇意な本屋を通じて仕立ててもらい、仲間に配って悦に入るのである。注文の冊数分を制作してしまえば、版木は本屋など摺物所（趣味の世界の印刷・製本所）に残る。版木を持っている本屋などに引き合いがあれば、これをもって増刷して、その多くは貸本屋に流れていくのである。

この機知的な笑いをもっぱらとして通意識をくすぐる新しい文芸は、町の読者も当然獲得する。そして、大小の会がそうであったように、同好の輪は身分を超えて町の人間にまで及んでいくのであった。

朋誠堂喜三二

安永六年（一七七七）、朋誠堂喜三二《ほうせいどうきさんじ》（一七三五〜一八一三）の関わった本を複数蔦重は出版する。まず『娼妃地理記《しようひちりき》』である。これは『一目千本』『急戯花の名寄』に次ぐ遊女評判記的な作品である。ただし、前の二作とは大いに異なって、地誌の

朋誠堂喜三二（手柄岡持）肖像（永井如雲 編『国文学名家肖像集』博美社より）

パロディ、一流の戯作となっている。吉原各町を国、遊女屋を郡、遊女を名所旧蹟になぞらえて評判記としたもので、うがちに富んだ内容となっている。

喜三二はこの安永六年に鱗形屋孫兵衛から六点の黄《き》表《びょう》紙《し》を出版する。『親敵討《おやのかたきうてや》腹鞁《はらつづみ》』『女嫌変豆男《おんなぎらいへんなまめおとこ》』『珍献立曽我《めずらしいこんだてそが》』『何陀羅法師柿種《なんだらほうしのかきのたね》』『鼻峰高慢男《はなのみねこうまんおとこ》』『桃《もも》太《た》郎《ろう》後《ご》日噺《にちばなし》』で、いずれも恋川春町が絵を担当している。

恋川春町が安永四年に鱗形屋から出した『金々先生栄花夢《きんきんせんせいえいがのゆめ》』は草双紙の歴史を変えた。この作品は幼童向けの粗製の絵本である草双紙（当時は青本）のパロディ、つまり青本を戯作化したものである。春町にしてみると一過性の思いつきであったと思われるが、画像にものを言わせる新たな戯作の誕生は、戯作流行の中、画期的な意味を持つことになった。同様の趣向で草双紙に戯れることが流行し、あっとい

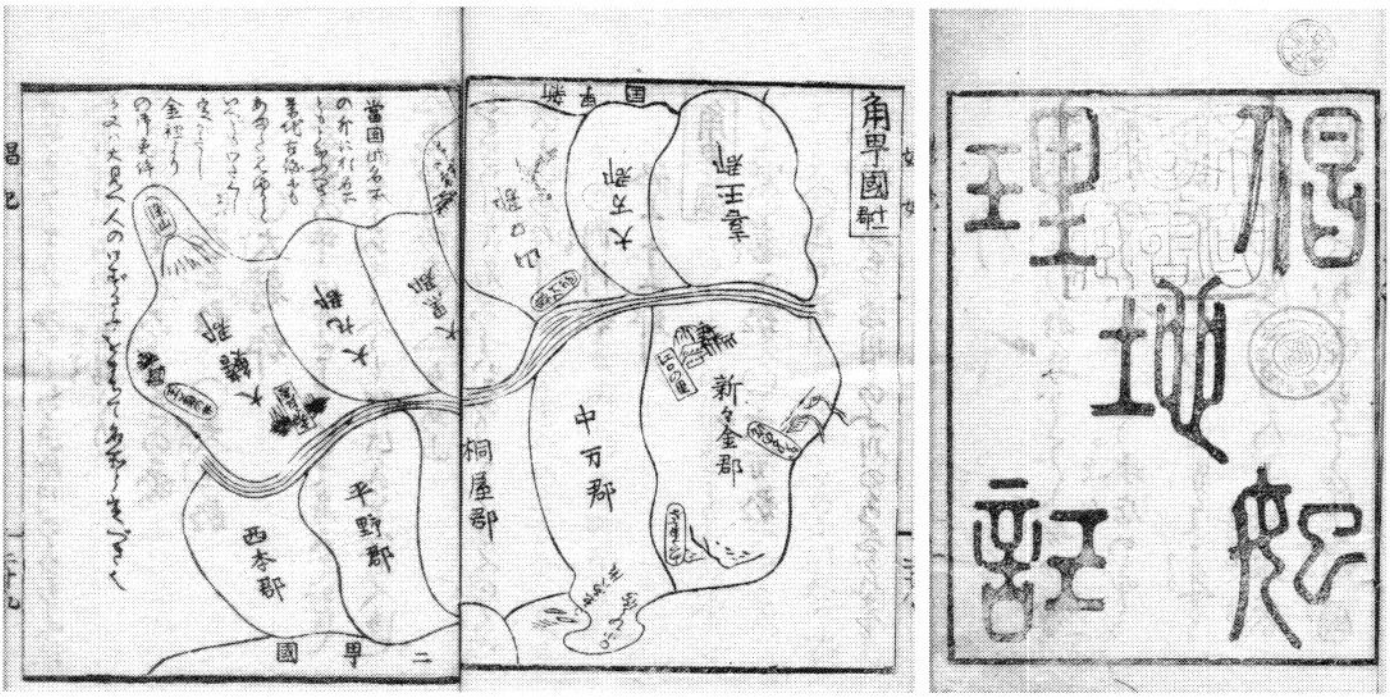

道蛇楼麻阿（朋誠堂喜三二）作『娼妃地理記』安永６年（1777）　国立国会図書館デジタルコレクション（https://dl.ndl.go.jp/pid/8929574）

う間に草双紙は当世をうがつ戯作となっていった。喜三二の参入はこの流れに大きく拍車をかける挙となった。

朋誠堂喜三二は秋田佐竹藩の留主居役平沢《ひらさわ》平格《へいかく》の戯名である。享保二十年（一七三五）生まれで、この安永六年当時は四十三歳である。二世雨夜庵亀成《うやあんかめなり》に入門し、雨後庵月成《うごあんつきなり》号で俳諧に遊んでいた。四歳年上の同役佐藤又兵衛朝四も俳諧に熱心であり、喜三二は兄事していたが、俳諧は社交の有力な道具でもあり、留主居衆必須の教養ともいえるものであった。その朝四の随筆『古事記布倶路』に「慶子《けいし》を上手なりと思ひしは、駿河屋魚躍が二階にて俳諧ありし時、野隠同道にて見えた

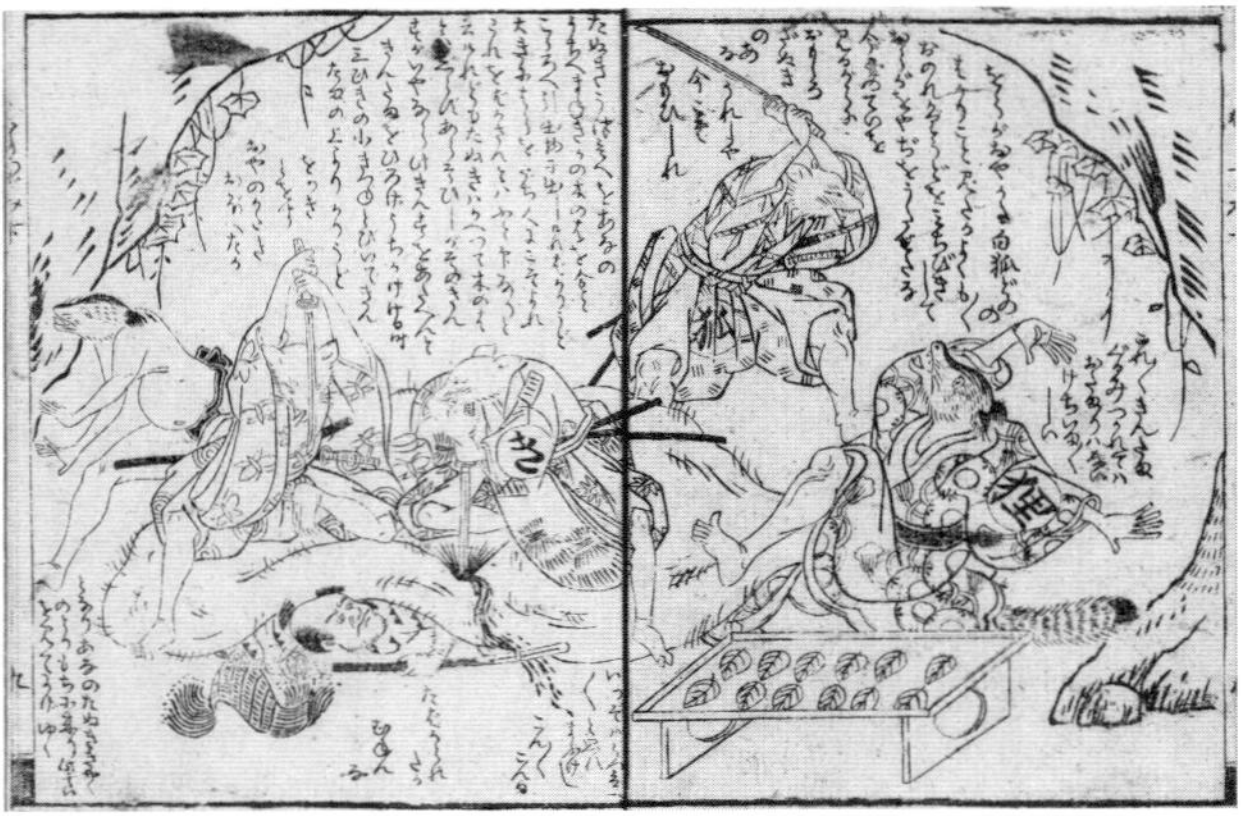

朋誠堂喜三二作、恋川春町画『親敵討腹鞁』安永６年（1777）　東京都立中央図書館加賀文庫蔵

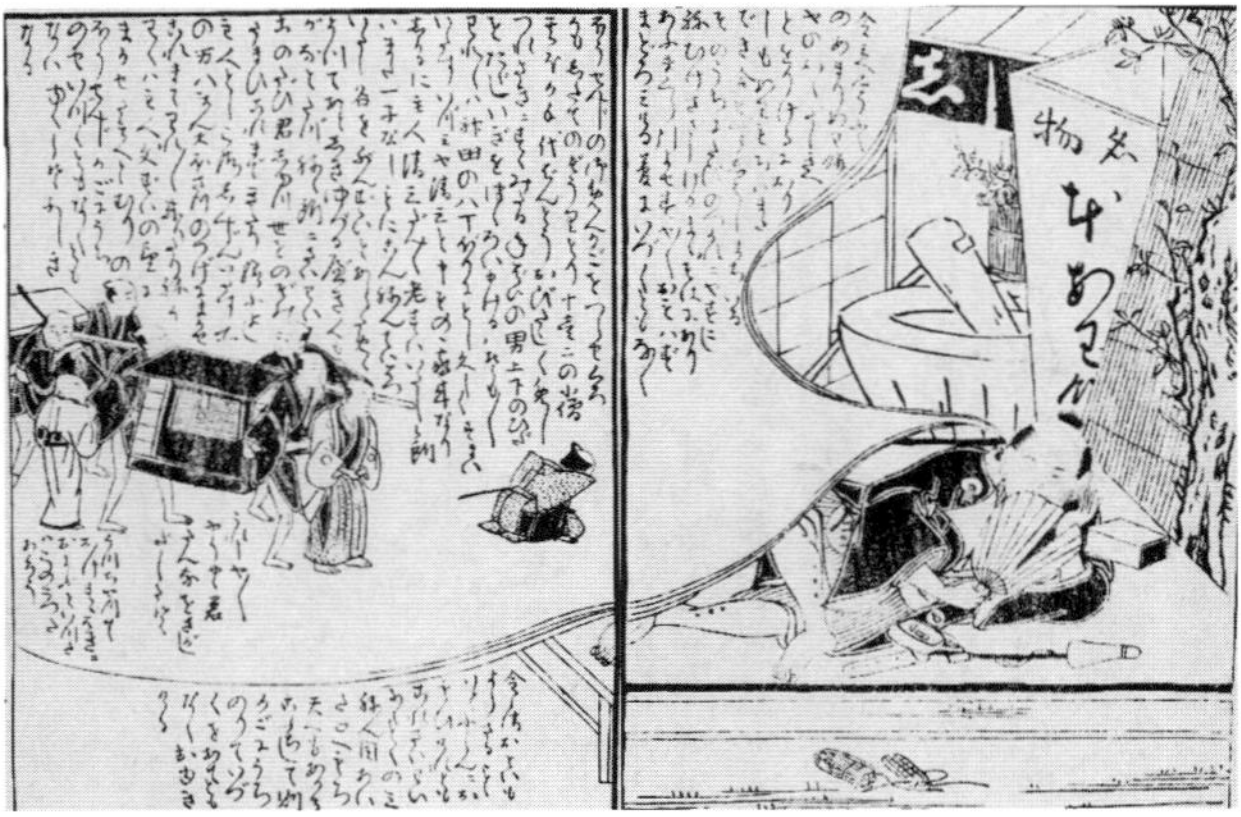

恋川春町作画『金々先生栄花夢』安永４年（1775）　東京都立中央図書館加賀文庫蔵

り」とある。慶子は、上方女形の一流初代中村富十郎の俳号で、しばしば江戸に下って出演していた。その役者ぶりのことを誉めているのであるが、それを実感したのが蔦重の叔父駿河屋市右衛門の二階で行われた俳席であったというところは注目すべきであろう。朝四とともに接待等で喜三二も吉原に足を運んでいたであろうし、ここで俳諧に遊ぶこともあったであろう。蔦重の句が素外の『誹諧古今句鑑』に入集していることは先に述べた。喜三二の月成句も素外の歳旦集にしばしば入集している。喜三二と蔦重との初めての出会いを特定することは困難である。駿河屋を介してのことであったのかもしれないが、いずれにしても、吉原という場が吉原内外の文芸の交流の場でもあったということが前提であろう。

なお、『金々先生栄花夢』を作り、安永六年の喜三二作品に絵を描いた春町は、延享元年（一七四四）生まれで喜三二の九歳年少である。駿河小島藩士で、喜三二と同じ留主居役であった。安永元年（一七七二）一月に田沼意次が老中に就任する。幕府と各藩と、さまざまな思惑と利権が交錯する中、留主居役の出番も多くなり、吉原を舞台にした駆け引きも展開されたであろう。喜三二と春町が出会った場も、江戸城以外、ことによると吉原であったかもしれないなどと想像されるのである。

さて、蔦重は喜三二と知り合うことによって当世流行の戯作の世界に踏み込む勢いを得た。喜三二にしても蔦重との関係をよほど好もしいものに思っていたのか、この若き吉原の本屋への助力は惜しみないものであったと見受けられる。安永六年の蔦重の出版物に『手ごとの清水』という華道書がある。本文末に「十四歳童清水景澄」とあって、この華道書は挿花に長じた清水景澄という少年の作ということになっている。そして喜三二の序跋を備えていて、この中で喜三二は清水景澄のことについてその成長ぶりなど詳しく紹介している。ところがこれはでっち上げである。本書は、安永三年刊の『一目千本』から遊女名や発句を削って版木を再利用したものなのである。

また、安永六年の俄の番付『明月余情』は中本三冊、絵本の様式で蔦重が発行したが、その序文にも喜三二は筆を執っている。これらからわかるように、蔦重への肩入れは並々ではなく、以後の蔦重の出版事業についても喜三二の役割は極めて大きなものであった。

安永九年には、喜三二は黒狐通人《こっこつうじん》の名で咄本《はなしぼん》『気のくすり』を蔦重から出版する。咄本もこの時期大流行の戯作の一つである。明和末、幕臣の木室卯雲《きむろぼううん》が同好の町人小松百亀《こまつひゃっき》などと始めた会は、案じた落とし咄を持ち寄るものであった。咄の秀作を編んで『鹿子餅《かのこもち》』と題して出版したのが明和九年（安永元）、歯切れのいい江戸弁で、また、落ちへの快いスピード感が新鮮で、これが咄本流行の先駆けとなった。続々と同趣向の小冊

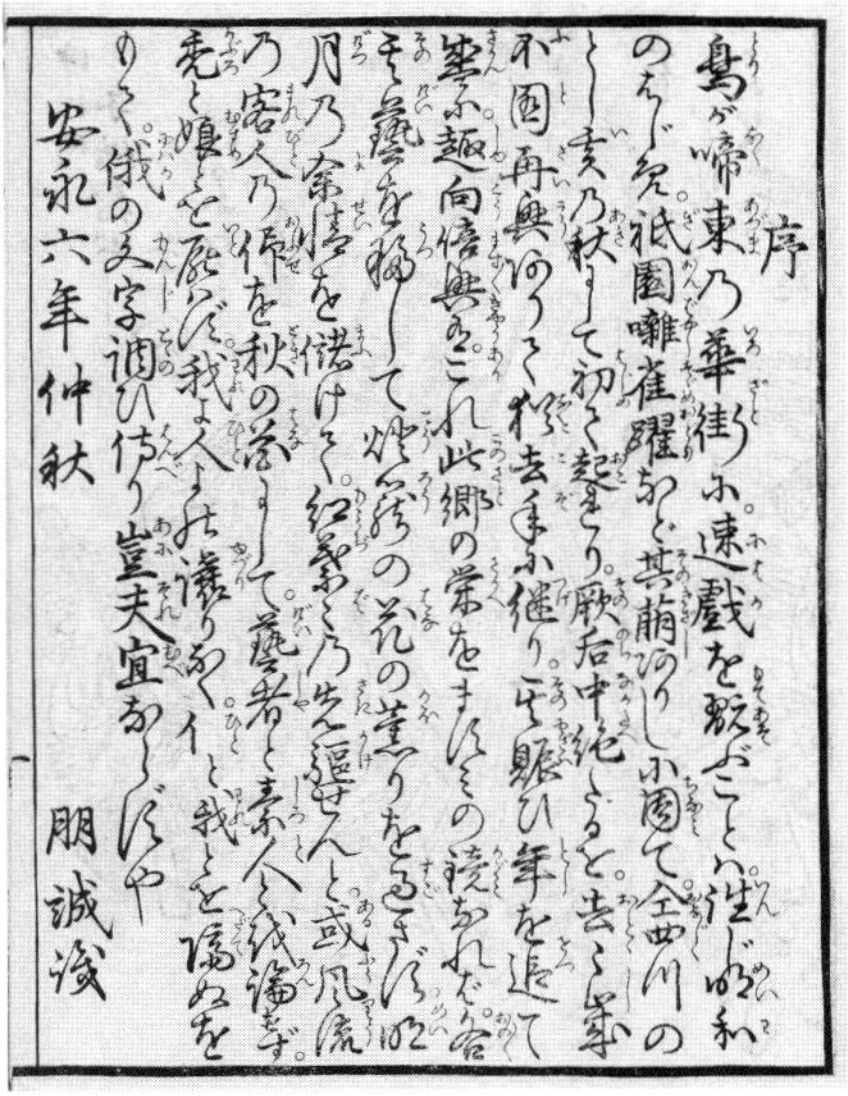

（初編）朋誠堂喜三二序、（三編）大田南畝手識本『明月余情』安永6年（1777）　シカゴ美術館蔵

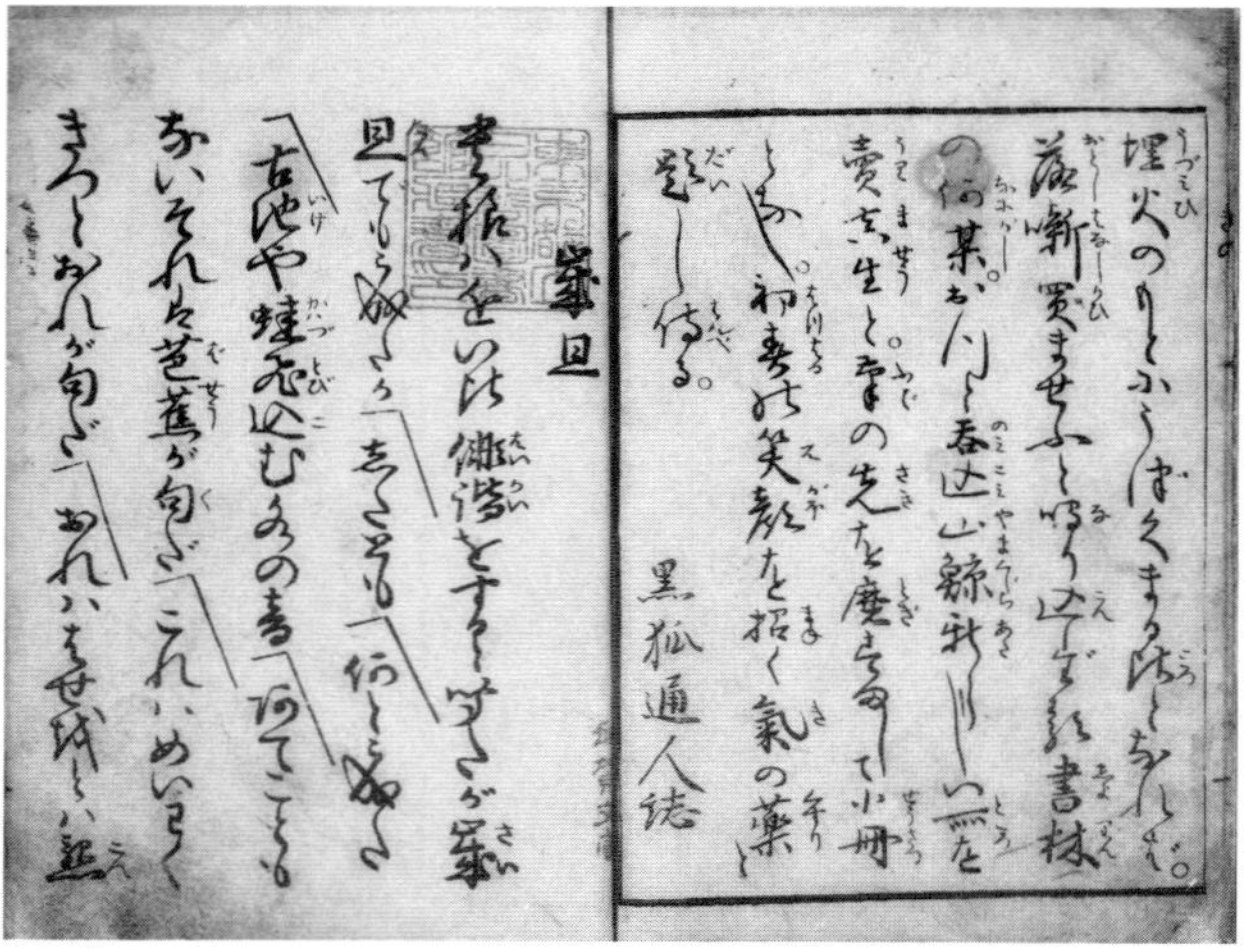

黒狐通人作『気のくすり』安永９年（1780）　国立国会図書館蔵

が出版されて戯作の一ジャンルとして定着していく。大田南畝も『鯛の味《み》噌《そ》須《ず》』（安永八年刊）や『うぐひす笛』（安永七年刊）などの咄本を作るが、喜三二にしてもこの流行の中にいたわけである。また、安永八年の秋の細見『秋の夕栄』から、蔦重版吉原細見の序文筆者を喜三二はしばらく続けていくことになる。

富本浄瑠璃

この安永六年、蔦重は富本節《とみもとぶし》の正本の版元となる。富本節は江戸浄瑠璃の一つで、これ以後江戸を中心に大流行していくことになる。富本正本の出版を手掛けたことは蔦重の今後に大きな意味を持つことになる。正本の出版は太夫《たゆう》との提携である。この年の正月、初代富本豊前掾《ぶぜんのじょう》の実子富本午之助《うまのすけ》が富本豊前《ぶぜん》太夫を襲名する。彼の美声がその後の富本を全盛に導くのであるが、彼の太夫襲名とともに蔦重は専属出版の関係を取り結んだのである。どのような縁故があってのことであるかはわからない。吉原の地は一流の芸を提供する場である。また、当世最先端の江戸情報が情報通を自認する者たちによってもたらされるところである。蔦重が襲名したての豊前太夫に注目しないはずはないと思われる。

十一月市村座初演の富本浄瑠璃「夫婦酒替奴中仲《みょうとざけかわらぬなかなか》」の正本が現在確認できるもっとも早期の蔦重版正本である。後年の稽古本も多数確認でき、富本の人気曲の一つである。翌安永七年（一七七八）の正本『夏柳夢睦言《なつやなぎゆめのむつごと》』には豊前太夫正本と富本斎宮《いつき》太夫正本の二種類が確認できる。斎宮太夫は初代豊前掾の高弟で、若き豊前太夫を補佐し、もり立てた実力派の太夫である。この斎宮太夫の正本も蔦重は手掛け

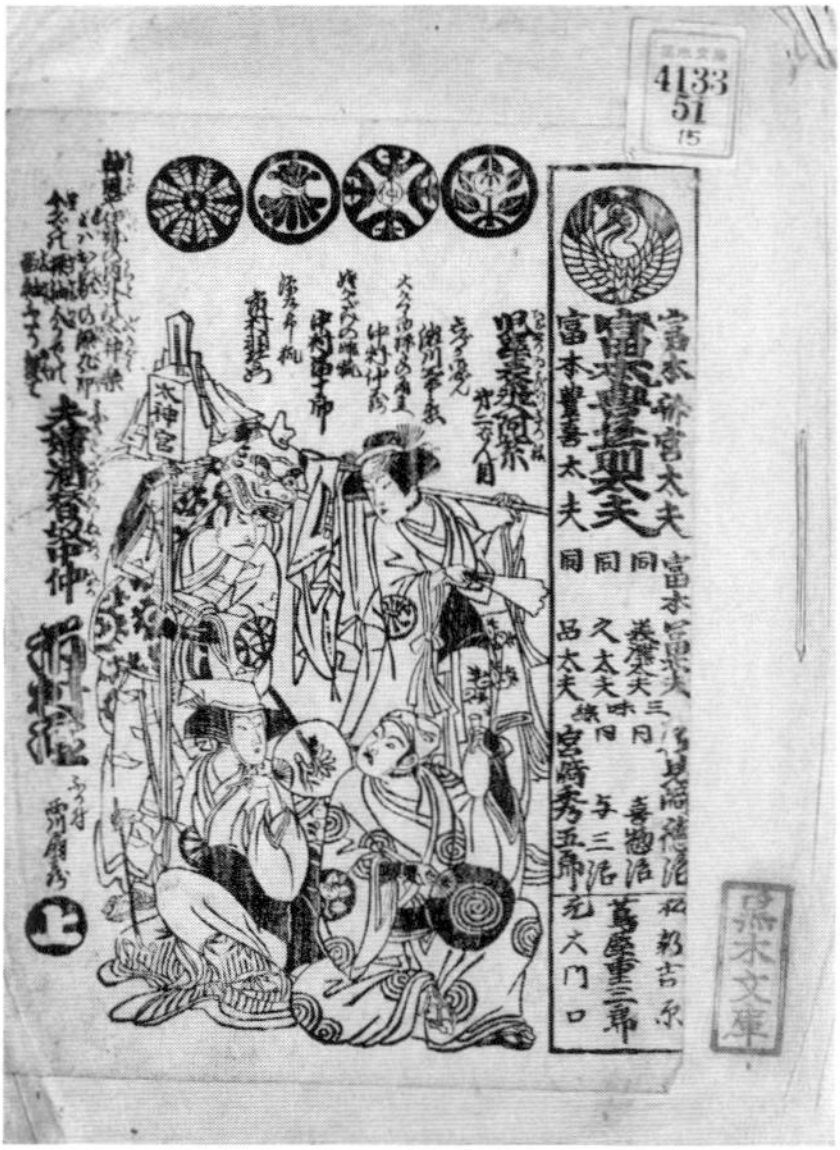

中村重助作『夫婦酒替奴中仲』安永６年（1777）
東京大学教養学部国文・漢文学部会蔵

ていたわけである。

安永八年正月刊の吉原細見『扇の的』巻末の広告に、富本豊前太夫と斎宮太夫直伝の稽古本を出版する旨の版元口上がある。ここから蔦重は標《はなだ》色表紙の稽古本出版を始める。安永七年『色時雨《いろしぐれ》紅葉玉籬《もみじのたまがき》』、安永八年『色仕立紅葉段幕《いろしたてもみじのだんまく》』、安永九年『繰返廓文月《くりかえすさとのふみづき》』、同『梅川忠兵衛道行恋飛脚《みちゆきこいびきやく》』等、桜田治《さくらだじ》助《すけ》の詞章を得た富本浄瑠璃は次々に当たりを取っていく。市中の富本熱はどんどん高まり、豊前太夫・斎宮太夫門弟による稽古所が江戸市中に叢生していく。稽古本の需要はうなぎ登りであった。

富本浄瑠璃の稽古本
刊行年不明　個人蔵

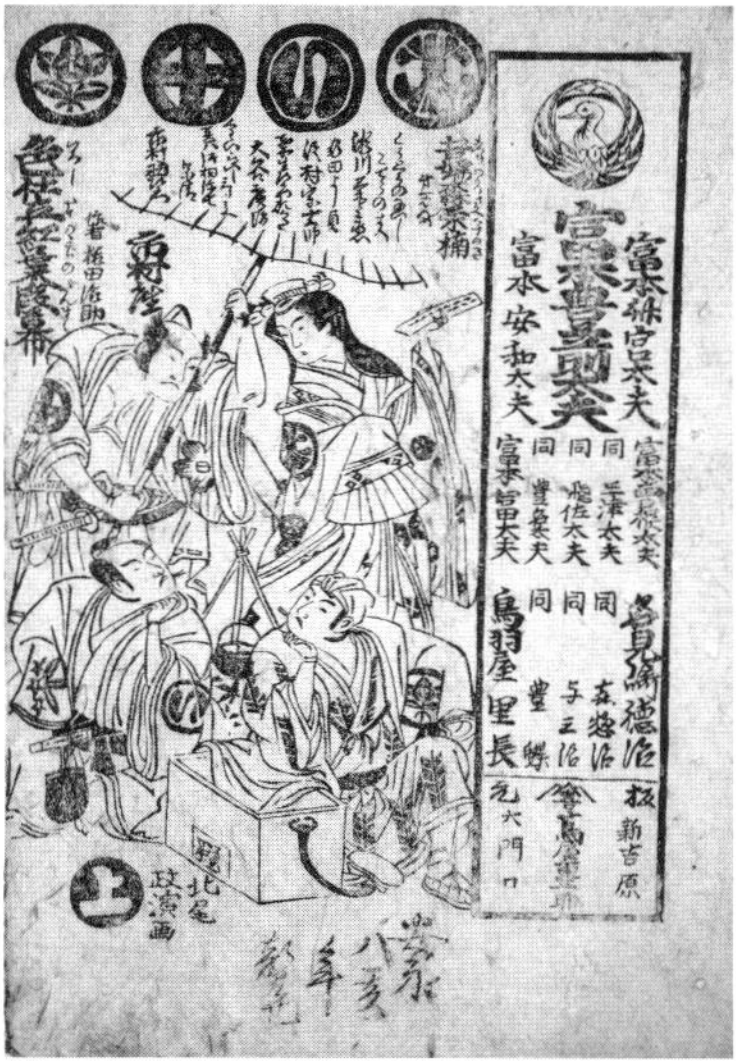

『色仕立紅葉段幕』
安永８年（1779）
個人蔵

少々先のことになるが、天明元年（一七八一）四月市村座の「戯場花万代曽我《かぶきのはなばんだいそが》」に掛けられた富本浄瑠璃による道行きは三日替わりの趣向で、「道行比翼《ひよく》の菊蝶《きくちょう》」「道行垣根の結綿《ゆいわた》」「道行瀬川の仇浪《あだなみ》」の三曲で行われた。この趣向は大当たりで、市村座未曽有の大入りであった。また、翌天明二年（一七八二）十一月中村座の「五代源氏貢振袖《ごだいげんじみつぎのふりそで》」で演じられた富本浄瑠璃「睦月恋手取《むつましづきこいのてどり》」の吉原遊女の名寄せを趣向とした桜田治助による詞章は大きな評判を呼んだ。山東京山の随筆『蛛の糸巻』によれば、この名寄せに入れられた遊女二十七人が合力して治助に二十両の謝礼を贈る。その際、各遊女付きの禿《かむろ》二十七人と各遊女屋のやり手と若い者（男性の使用人）が二階桟敷を借り切り一日見物する。これが桟敷に「白がねの花咲たるが如し」と江戸中の評判となった。そして「板元蔦や重三郎通油町も　大金をえたりときゝぬ」とこの記事は締めくくる。できすぎた話である。吉原の豪奢を宣伝する行為となっていると同時に富本の宣伝でもあり、版元の株を上げるものでもあった。その効果を想定してあらかじめ仕組まれたものであったのではなかろうか。遊女名寄せの詞章も蔦重が治助に働きかけたものであろうし、禿たちの芝居見物も評判を想定した吉原ぐるみのパフォーマンスであったと思われるのである。

富本豊前太夫の美声、桜田治助の詞章が富本節全盛の基であったのは確かであるが、そこに版元蔦重がからむことによって富本にもたらされた効果は無視しえないものであったと思われる。

『碁太平記白石噺』

『碁太平記白石噺《ごたいへいきしろいしばなし》』は、紀上太郎《きのじょうたろう》、烏亭焉馬《うていえんば》、容楊黛《ようようたい》の合作、安永九年（一七八〇）正月江戸外記座《げきざ》初演の浄瑠璃である。『慶安太平記《けいあんたいへいき》』を世界として、由井正雪《ゆいしょうせつ》の一件に仙台女敵討の話を織り込んだ作品である。七段目「新吉原の段」の作者は、後に江戸落語中興の祖と称される烏亭焉馬である。焉馬は本所《ほんじょ》の大工棟梁の息子で、平賀源内とも交遊が開けていた。町人でいち早く戯作の世界に首を突っ込んでいて、この安永九年には洒落本『甚孝記《じんこうき》』の作もある。

烏亭焉馬肖像（木村黙老著『戯作者考補遺』）昭和10年（1935） 国立国会図書館デジタルコレクション（https://dl.ndl.go.jp/pid/1874790）

『碁太平記白石噺』と同じ年に刊行されたと思われる洒落本『娼註銚《しょうちゅうちょう》子《し》戯語《ぎご》』に「七だんめの女郎やの穴なんざおそろしいもんでござります」という引手茶屋の亭主の言がある。廓内の諸事情に通じている登場人物の重みのある言として、最新かつ皆が気付きにくい吉原情報を、この浄瑠璃の七段目が鋭く描き出しているという、これまたうがちをこの洒落本作者は披露しているわけである。そのおそろしいくらいのうがちは、まず、当時めきめきと頭角を現して吉原の実力者となっていった大黒屋《だいこくや》庄六《しょうろく》（本作の舞台「大福屋惣六」で登場）、また芸者や太鼓持ちなど当時実在の吉原の人びとを登場させたところにある。そして、後の山東京伝の洒落本『錦之裏』（寛政三年〈一七九一〉刊）同様、吉原の昼の世界という一般には知られにくいところを描いてみせたところもうがちである。当時流行の戯作である洒落本流なのである。

その七段目は、昼見世前の角町の遊女屋大福屋の玄関先の光景から始まる。洗い髪ですっぴんの遊女の美しさ、また緊張の無いこの時間の新造《しんぞう》や禿の様子が描かれる。出入りの商人の定番は、まず小間物屋と貸本屋である。彼らと新造・禿との賑やかなやりとりの中、大名になって中の町に芝居を立ててお使いに行かされる度に見物したいという落とし咄もどきのあどけない禿の言を受けて、小間物屋が「したり、こいつはありがたい。こいつは咄に成ルぞへノウ本重」と貸本屋に話しかける。「本重」と呼ばれた貸本屋は、敵討ちを志す大福屋の遊女宮城野《みやぎの》に『曽我《そが》物語』を貸すという布石に関わる大事な役回りである。本重には「又此間お頼申ました女郎様方の名前。書キ付ケて下さりませ細見を急きます」という科白《せりふ》もある。これが、吉原細見を発行している本屋の重三郎、つまり蔦重であることは、吉原に詳しい人間ならすぐに了解されるところで、にんまりとするうがちであったろう。

蔦屋次郎兵衛の茶屋の一角を借りて片店商売を行っていた蔦重は、安永六年の秋以後、大門口より八軒目に独立した店を構える。江戸時代の本屋は貸本も行うのが常で、蔦重も貸本商売を行っていたと思われるが、この浄瑠璃ができた安永九年には、もはや得意回りの貸本専業の業態ではなかったろう。つまり、焉馬は昼見世前の遊女屋の光景を創り出すために貸本屋として蔦重を「出演」させたわけである。蔦屋という本屋は吉原の名物店であり、蔦重は吉原通を嬉しがらせる吉原の名脇役、有名人となっていた。

焉馬も蔦重とはすでに知り合っていたはずである。吉原にとっての宣伝効果を期待できるこの七段目は、大黒屋庄六を改革派の急先鋒とする吉原と浄瑠璃作者、蔦重と焉馬との間の結託の匂いが極めて濃厚な内容なのである。

黄表紙の出版

この浄瑠璃『碁太平記白石噺』が上演された安永九年、蔦重は黄表紙を出版する。まず喜三二作の『鐘入七人化粧《かねいりしちにんけしょう》』『廓花扇之観世水《くるわのはなおうぎのかんぜみず》』の袋入本《ふくろいりぼん》二点に始まる。袋入本とは、通常は再生紙である漉返紙《すきがえしがみ》を用いる黄表紙に対して、上質紙に摺り出した上製本で、五丁ずつ綴じ分けずに一冊に合冊して錦絵様の美麗な上袋を掛けて売り出したものである。価格は並製の黄表紙の二倍ほどである。後には一度に両様の体裁で売り出されるようになるが、この当時は、特別なもの、イチ押しのものを袋入りでまず出版し、翌年黄表紙に仕立て直して売り出したりした。この喜三二による二作も翌年序文を省き改題して黄表紙体裁で売り出されることになる。

このほか、同じ喜三二作の『龍都四国噂《たつのみやこしこくうわさ》』、さらに『伊達模様見立蓬莱《みたてほうらい》』『虚言八百万八伝《うそはっぴゃくまんぱちでん》』『夜野中狐物《よのなかこんなもの》』『威気千代牟物語《いきちよむものがたり》』『口合はなし目貫《めぬき》』『舛落《ますおとし》はなした子《ね》』の七点が黄表紙として正月に出版される。なお、『口合はなし目貫』『舛落はなした子』は、安永七年十一月序を付して中本の絵本形式で出版した咄本（仮題『青楼吉原咄』）を黄表紙に仕立て直したものである。また、正月の新版に遅れて刊行されたと思われる『通者云此事《つうとはこのこと》』も出版している。

この年正月新版の蔦重版黄表紙は、青地の短冊型題簽に方形の絵題簽を合わせた様式である。これは鱗形屋版黄表紙の様式そのもので、鱗形屋から黄表紙出版を受け継いだことを表明していると思われる。黄表紙に限らず、出版を休止した鱗形屋が保持していた流通・制作に関わる何らかの利権を蔦重が得て刊行されたと考えられるものがこの年から出てくるが、江戸市中の地本問屋ではない吉原の本屋が草双紙を出版するのは極めて異例のことであった。一時にこれだけの点数のものを出版することも合わせて、この挙は話題性を狙ってのものであることは疑いない。

黄表紙のほかに、この年は在原の持磨なる者の洒落本『大通人好記《だいつうじんこうき》』も出版している。戯作に熱を上げる者たちの意向を汲み上げて、吉原関係の冊子以外の当世流行の戯作にも乗り出して本屋営業の幅を蔦重は広げたと見ることも可能であるし、当世本の発信基地となった吉原という地に江戸人の目を向けさせる挙であったという捉え方もできるだろう。

広告の発想

蔦重は、広告が持つ効果を意識して戦略的な営業を展開していた稀有《けう》な本屋であった。

吉原細見に出版書の広告を付載したのは蔦重が初めてである。それも最初に出版した『籬乃花』においてすでにそれを行っていたあたりは、かなり意識的な戦略と見える。年に二回発行していた吉原細見に広告メディアとしての機能を見出したわけである。

これまで見てきたように、蔦重は吉原という共同体の一員として、出版物というメディアを利用して吉原という場所を宣伝しようとし、その発想を実行してきた。それに関わる吉原からの支援は、蔦重の発想にその奏功の目処《めど》を期待できたからであろう。そして、その蔦重の発想は自らの出版物にとどまらず、芝居というメディ

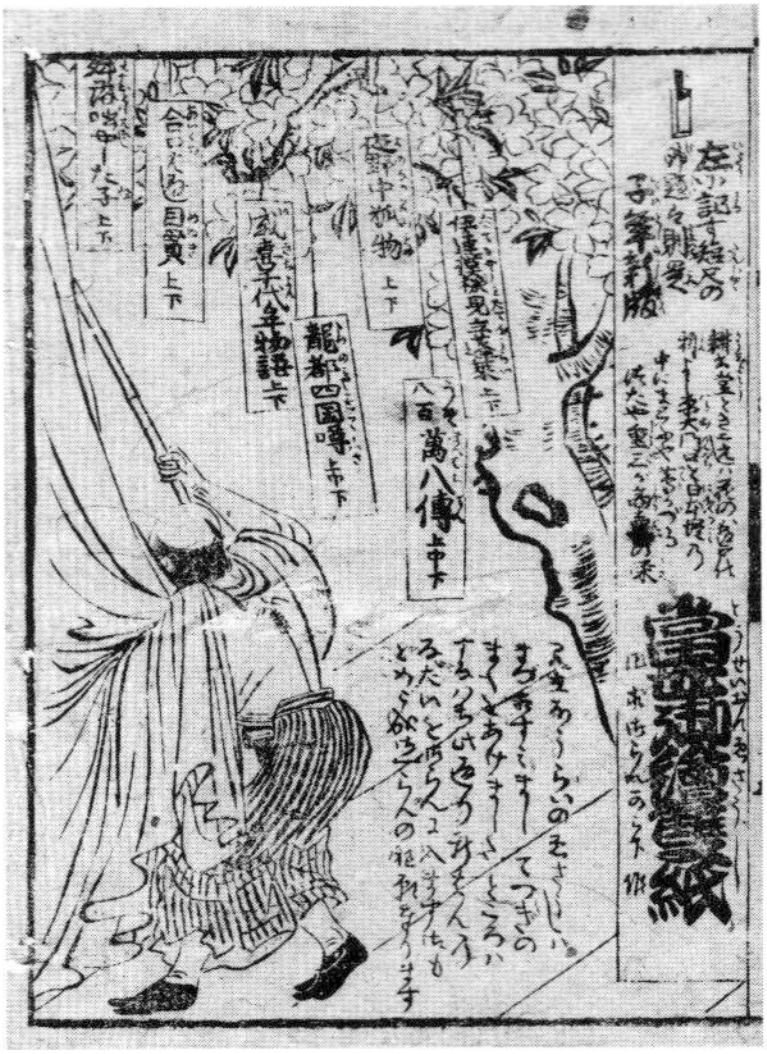

『伊達模様見立蓬莱』安永９年（1780）　国立国会図書館デジタルコレクション（https://kokusho.nijl.ac.jp/biblio/100399917/13?ln=ja）

アにも次第に及ぶようになっていった。

安永九年、最初に出版した黄表紙の中に『伊達模様見立蓬莱』がある。その巻末半丁は広告となっている。芝居の舞台を描き、幕を開けている男の背中には、富士山型に「喜」の、この当時の蔦重の屋標が見える。版元蔦重自身をここに登場させているわけである。幕を開けたところに作り物の桜があり、そこに吊られている短冊に新版黄表紙の書名が書かれていて広告になっているという趣向である。口上には「耕書堂ときこえしは、花のお江戸の新よし原、大門口と日本堤の中にまとふや蔦かづら、蔦屋重三が商売の栄《さかえ》、当世《とうせい》御絵双紙《おんえぞうし》御求《おもとめ》御覧可被下候《ごらんくださるべきそうろう》」とあって、黄表紙出版に乗り出した蔦重店の繁栄を予祝する。新版黄表紙の広告であり、蔦重店の広告である。この版元の広告センスの光るところである。

そもそも吉原の本屋の黄表紙出版という異例の挙自体、江戸市中の話題を期待した広告的行為と見なすべきであろう。以後も蔦重は出版という行為を演出的に行い、蔦重店への集客を狙った広告としている。

足場固め

この年三月、『大栄《だいえい》商《しょう》売《ばい》往来《おうらい》』『新撰耕作《こうさく》往来《おうらい》千秋楽《せんしゅうらく》』という二点の往来物の出版が見られる。往来物とは、主として手習いに用いられる実用書で、いわば当時の初等教科書である。蔦重はこれ以後毎年のように往来物を出版し続けていく。蔦重が没する寛政九年まで四十点以上の出版を確認できる。往来物は江戸では地本問屋の出版物で、これを手掛けない本屋は無かった。これから先、ますます識字教育が盛んになっていくが、この当時においても、もっとも経営に寄与する安定的な出版物なのである。

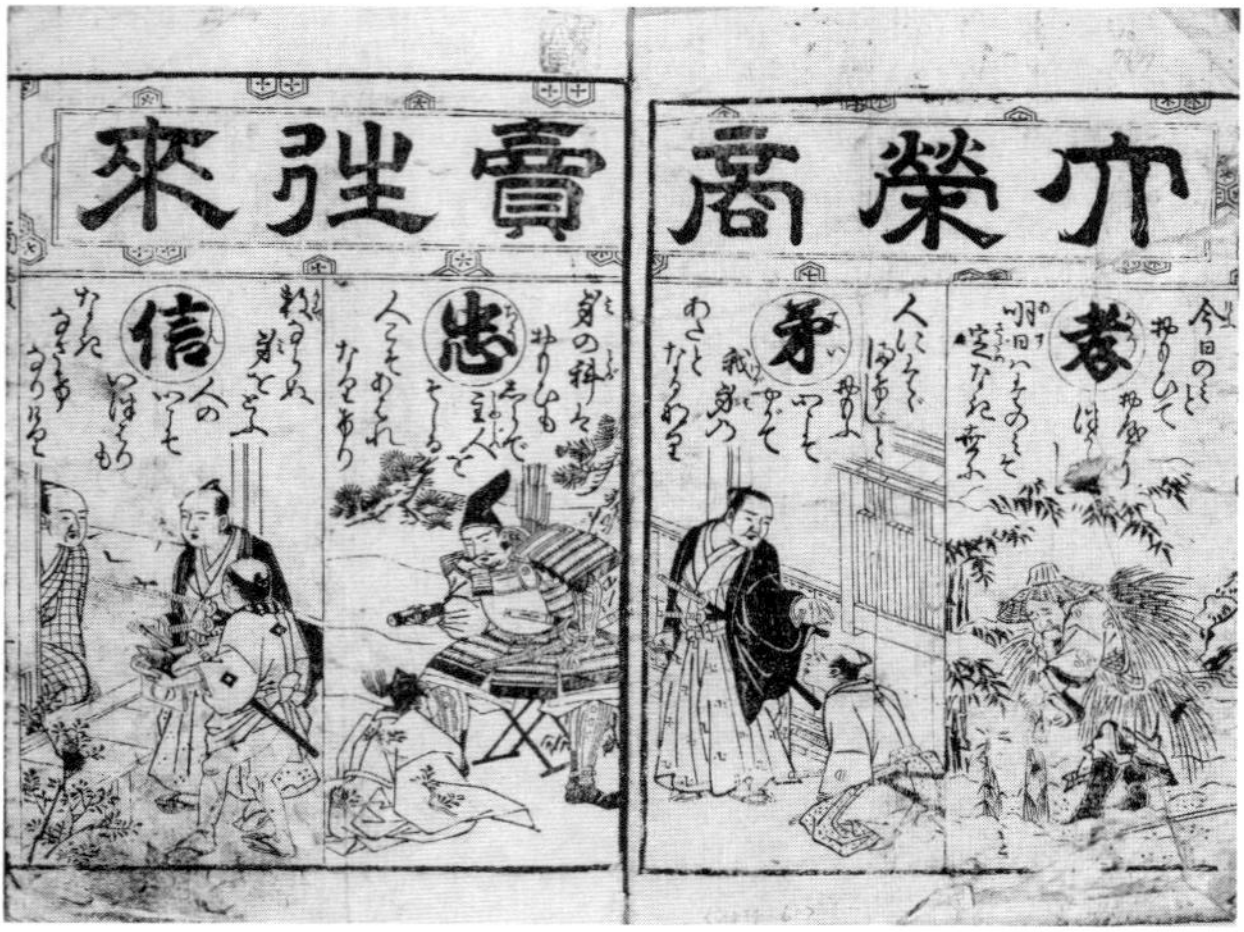

『大栄商売往来』安永９年（1780）　早稲田大学図書館蔵

ともすれば、時流に乗った黄表紙や洒落本などの出版に目を奪われがちであるが、これら個々の出版自体はじつは本屋にとってさほどの儲けにはならない。黄表紙は正月のみ販売の一過性の出版物である。売価も低い。たとえば、この当時黄表紙は一冊八文、三冊もので二十四文の売価である。千部振る舞いという言葉があって、千部売れると作者・画工の労をねぎらって祝宴を催すのが慣例である。ということは千部売れることは稀で、二百から五百部がせいぜいであろう。仮に自店で百部、他

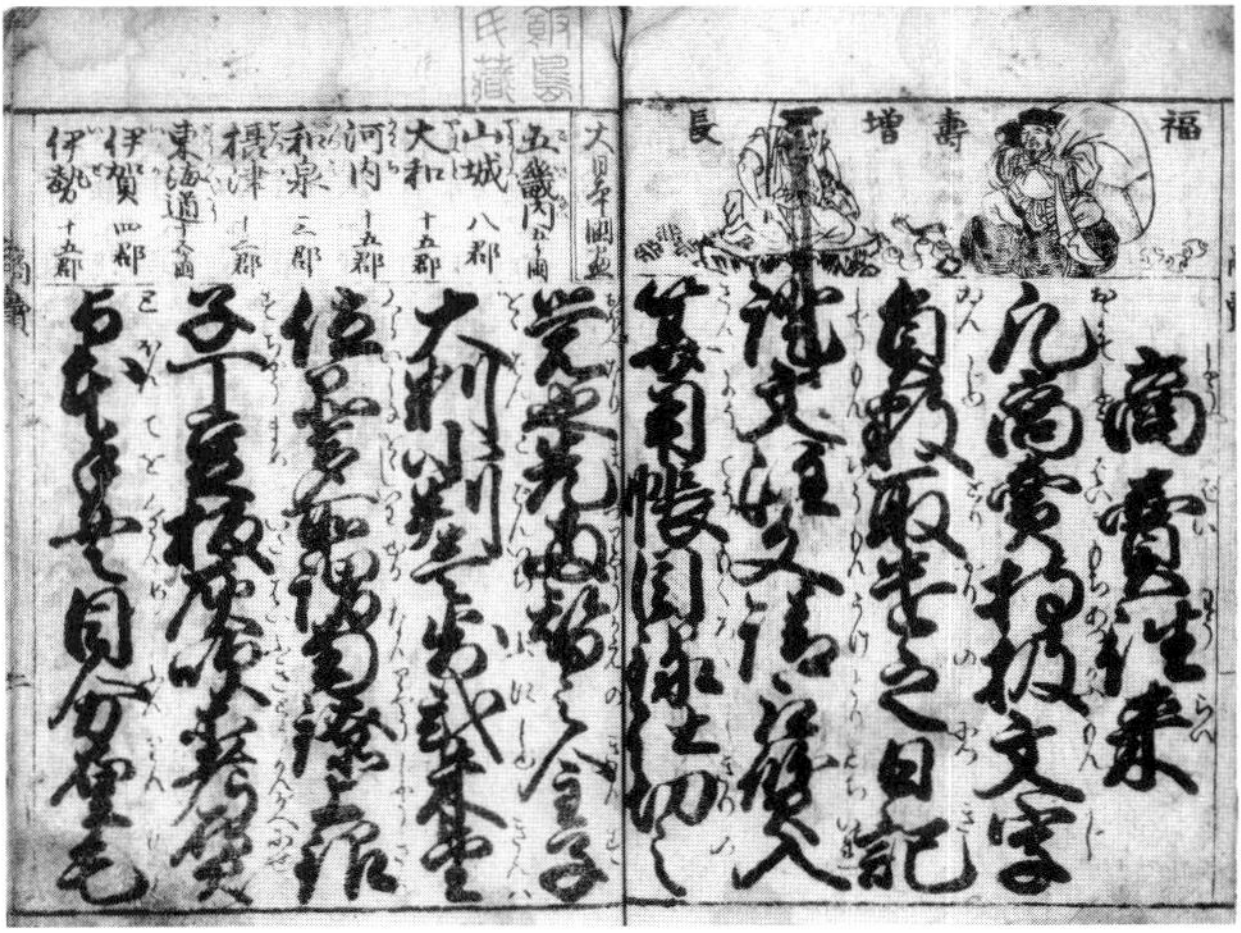

『商賣往來』安永９年（1780）　上田市立図書館花月文庫蔵
出典：国書データベース（https://doi.org/10.20730/100096302）

店への卸で四百部、合わせて五百部を売り切ったとして、卸価格を八掛けにしてみると、総売上げは十貫八百文となる。製本は自店の人間で行うとして、紙代、画工・彫工・摺師の手間賃等制作諸経費を売価の三割としてみると、これが三貫六百文、儲けは七貫二百文、現代の感覚では十五万円ほどであろうか。一点でこの程度のものである。

洒落本は作者の自費出版が普通である。制作費用を頂戴し、約束の部数を納品すれば板木は手許に残り、これによる後摺は版元の余得となる。しかし、後摺の購入者は主に貸本屋であり、それ以外の酔狂者の購入を入れても百部は捌けないであろう。馬琴によれば、洒落本一冊一匁《もんめ》五分ほど、現代の感覚では三千円ほどであろうか。制作の仲介料を入れても、たいした収益とはならない。

これらに対して往来物は、一時に大部数売れることは無いが、この腐らないネタは版木を摺りつぶすまで、長年月にわたって増刷されていく。名前を版本に残すことは稀であるが、この当時の往来物の筆者として一番重用されたのは北尾重政であった。蔦屋版往来物は、口絵等の絵も含めてほぼ重政の手に成るものと思われる。重政との深い関係が蔦重の往来物出版に大きく寄与したことは確かであろう。

江戸時代、出版を行う者は本屋であった。出版は本屋の営業の一環として行われていた。とかく現代における出版社に相当するものと捉えられがちで、出版した本の売上げを主たる収益としていたと考えそうであるが、これが本屋営業のごく一部にすぎなかったのが江戸時代である。本屋とはそもそも本を売る商売である。むしろ、小売が営業の柱である。いかに客を呼び寄せて商品を買ってもらうかが商売の要、そのために店の商品を有利な条件で仕入れて充実させたり、宣伝を工夫したりといった営業努力が重要なのである。

出版という半ば投機的な行為は、有利な仕入れを行って、店の商品を充実させるためのものであった。商品を仕入れるには売価の七掛けとか八掛けとかで問屋から卸してもらうのが基本である。本屋商売も同様であるが、この業界に特異な業者間取引の方法がある。自分の出版物（他の在庫品でも可）を互いに等価と見なされるように折り合いを付けて交換する方法である。これを本替えという。出版物の制作費用はせいぜい基準売価の三割ほどであろう（増刷すれば版木にかかる初期投資の割合はどんどん減っていく）。相互に通常の現金取引よりも格段に有利な仕入れとなるのである。

安永六年に開店した蔦重店にしても、吉原で需要のある本を仕入れる必要があった。長唄や常磐津節《ときわず》などの稽古本、義太夫本、また日用必需の暦や年代記、新造・禿が喜ぶような絵本や一枚絵などなど、在庫として必要なものは品々あって、江戸市中の地本問屋などから仕入れる必要があった。その際、自前の出版物で需要の高い吉原細見、また人気がうなぎ登りの富本浄瑠璃の稽古本などは有利な本替えの材料となったはずである。それに加えて、どの本屋でもあって困らない往来物は安定的な交易材料となったと思われる。

黄表紙の出版は、江戸市中の地本問屋との交易品として、自店で販売する草双紙の品揃えを充実させることに寄与したであろうが、これは正月限定の商品であり、恒常的に営業を支えるような力は弱かったと思われる。蔦重にとって、黄表紙のような当世本を出版する行為は、むしろその話題性をもって自店を広告する機能を期待してのことであったと思われるのである。

第二章　天明狂歌・戯作と蔦重

安永から天明へ

大田南畝との出会い

安永十年（一七八一、四月に天明と改元）、この年の蔦重による出版物に『身貌大通神略縁記《みなりだいつうじんりやくえんぎ》』がある。開帳の縁起摺物のパロディで、中本であるが洒落本と見なすべきであろう。作者志水燕十《しみずえんじゆう》は御家人で、これから先、蔦重の戯作出版などに少々からんでくる人間である。本作で画工を務めた歌麿は、絵師鳥山石燕《とりやませきえん》の門下だが、燕十も石燕について絵を学んでいたと思われる。また、石燕一門が挿絵を担当している燕志《えんし》の歳旦帳に彼らの挿絵や句も見られる。二人は互いによく知った間柄であったと思われるが、歌麿の生年は不明のままである。明和七年の燕志歳旦帳『ちよのはる』に歌麿は「少年　石要画」の落款で挿絵を描いている。十歳前といったところであろうか。とすれば、蔦重の十歳ほど年下、この天明元年は二十歳く

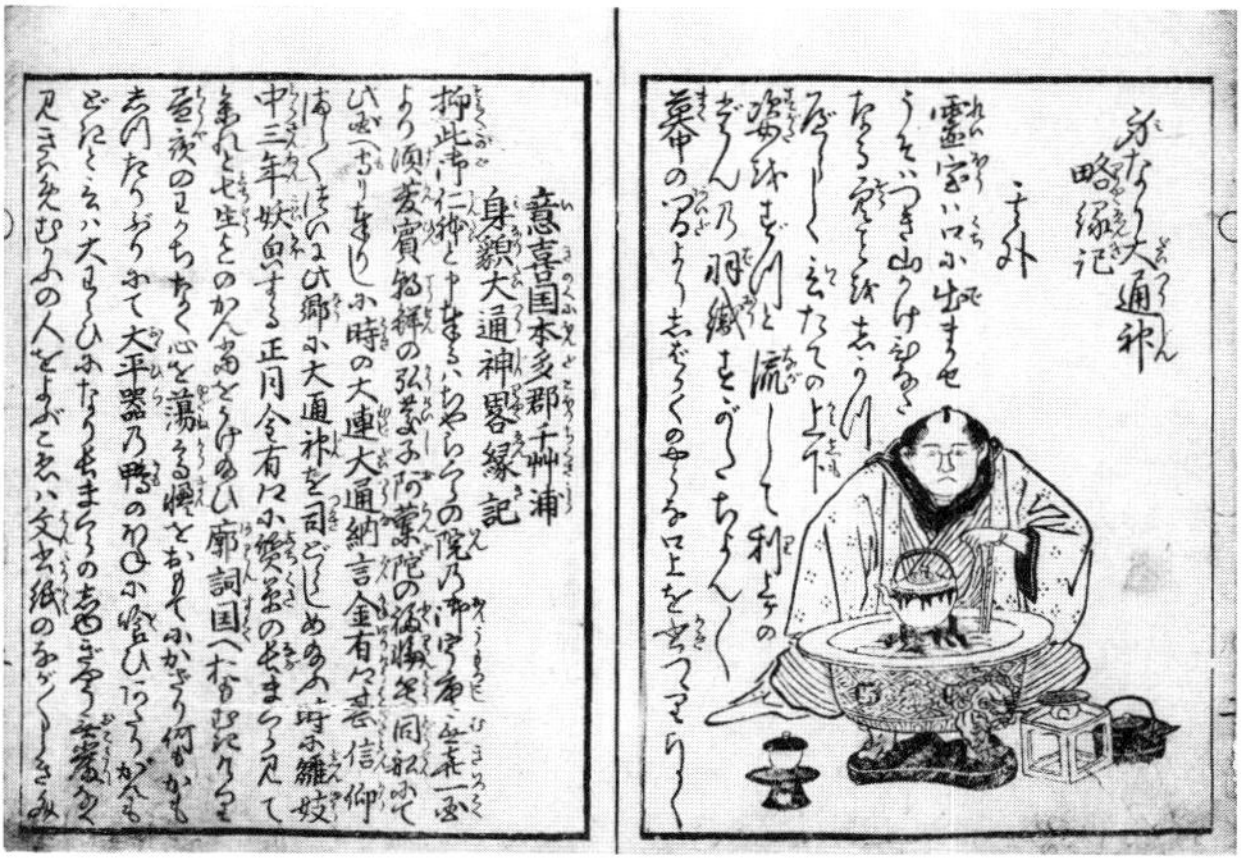

志水燕十作、喜多川歌麿画『身貌大通神略縁記』安永10年（1781）　東京都立中央図書館加賀文庫蔵

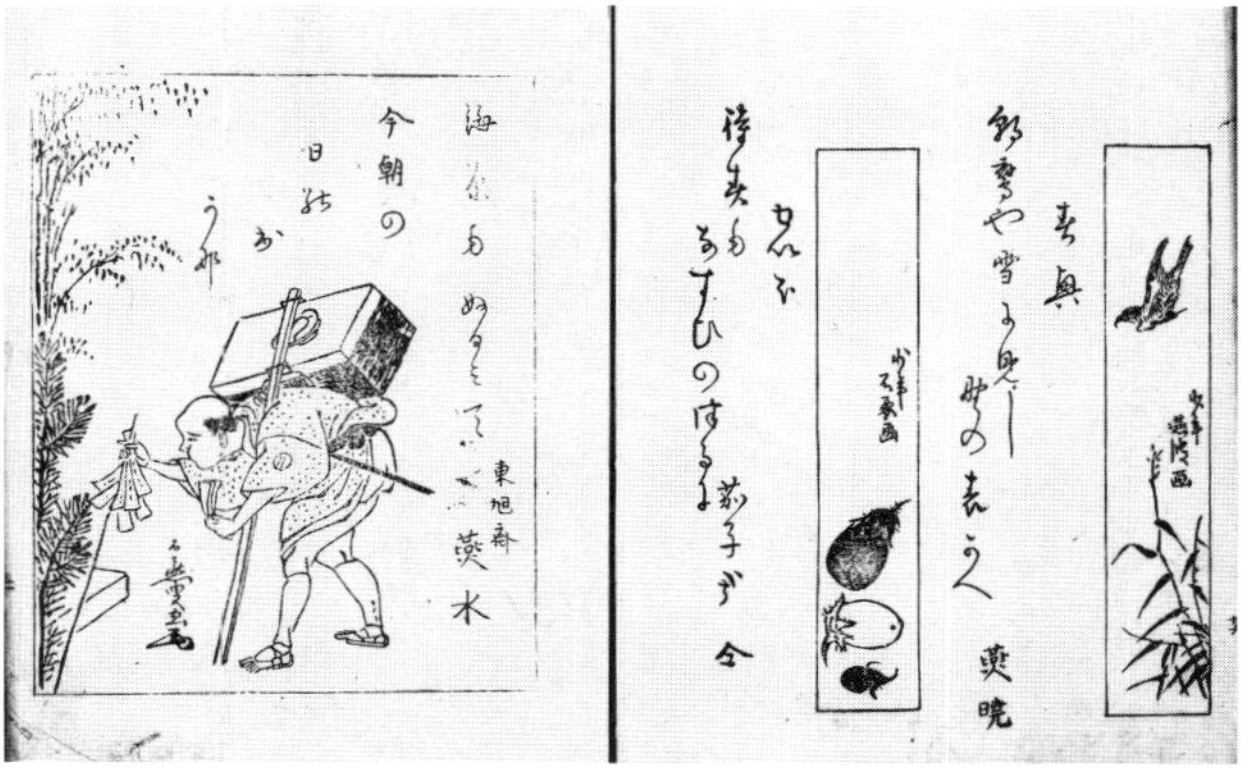

『ちよのはる』の歌麿による「少年　石要画」の落款（右のなすびの絵の上）（『連歌俳諧書集成』〈東京大学附属図書館蔵〉より）

らいであると思われる。

歌麿は、これから蔦重と深く関わっていくが、そもそも吉原の人間であったのではなかろうか。天明四年七月に蔦重が出版した『いたみ諸白』は、吉原大門口脇の酒屋の息子大門際成の追善狂歌集で、法要の配りものとして制作されたものであろう。この狂歌集制作に大きく関わったのが歌麿で、際成とは旧知の仲であったものと思われる。そして何よりも気になるのが蔦重と同じ喜多川姓であることである。蔦重の養家の人間、もしくは蔦重の養家と近い親戚だったのかもしれない。

さて、この正月出版の蔦重版黄表紙は、前年袋入りで出したものの再版も含めて四点の喜三二作品、また喜三二門人婦人亀遊《きゆう》名のもの一点、風車という作者名のものの一点、都合六点である。


この年、役者評判記のパロディ『菊寿草《きくじゅそう》』を大田南畝が編んで本屋清吉から上梓する。これは、当春刊行の黄表紙を役者の位付・芸評になぞらえて仕立てたもので、戯作の仲間入りを果たした黄表紙における作者の功に注目した戯作である。この作

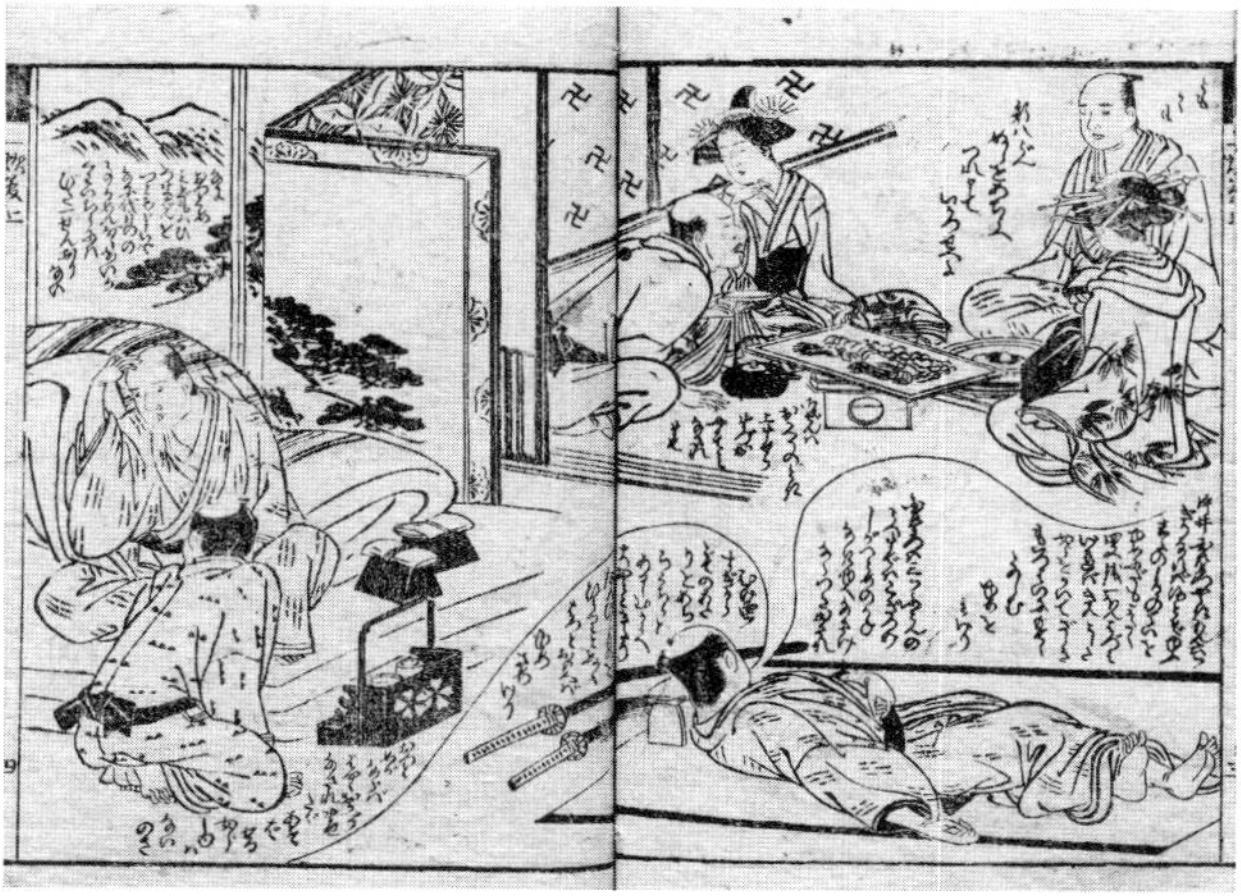

朋誠堂喜三二作『見徳一炊夢』安永10年（1781）　国立国会図書館デジタルコレクション（https://dl.ndl.go.jp/pid/9892464）

品において、蔦重版の喜三二作品『見徳一炊夢《みるがとくいっすいのゆめ》』が立役之部巻頭極上上吉に位付され、また『漉返《すきがえす》柳《やなぎの》黒髪《くろかみ》』が若女形上巻頭に位付される。これを喜んだ蔦重が初めて南畝宅に挨拶に訪れたことが、大田南畝の文化十三年（一八一六）の日記『丙子《へいじ》掌記《しょうき》』九月七日の条に見える。これより両者の間に親密な交流が開けることになる。

天明二年の黄表紙も、『恒例《いつもの》形間《かたま》違《ちがい》曽我《そが》』『景清《かげきよ》百人一首《ひやくにんいっしゅ》』の二点の喜三二作品があり、いずれも一流の手並みを見せている。そして、喜

大田南畝肖像　（野村）文紹著『肖像』二之巻　国立国会図書館デジタルコレクション（https://dl.ndl.go.jp/pid/2551760）

三二の戯作熱に刺激されたのか、春町の二作品『我頼人正直《われたのむひとのまこと》』『雛形《ひながた》意気《いき》真顔《まなつら》』も蔦重が手掛ける。他に喜三二門人宇三太《うさんた》作『網大慈大悲換玉《あみだいじだいひのかえたま》』と南《なん》陀伽紫蘭《だかしらん》作北尾政演画『花が見《たくは》芳野乃由来』の出版もある。南陀伽紫蘭は北尾重政の門人窪俊満《くぼしゅんまん》の戯名である。北尾重政も蔦重版黄表紙の画工の仕事をこなしていて、弟子の政美《まさよし》も同様である。北尾派と蔦重と、また北尾派と戯作との仲は極めて親密である。『花が見《たくは》芳野乃由来』の画工の政演も、これまで蔦重版の富本正本表紙絵や黄表紙の画工を務めている。彼は、この天明二年に鶴屋喜右衛門から出版した『御存商売物《ごぞんじのしょうばいもの》』で戯作の才を認められる山東京伝である。

この天明二年、南畝と蔦重の親密度は増していく。南畝は、田沼の側近で勘定組頭の土山宗次郎に気に入られ、彼のお供で吉原に出向いたりするが、その際に蔦重店に寄って蔦重の饗応を受けたりしている。また南畝長男の髪置《かみおき》祝儀の際、南畝宅に蔦重は出向いたりしていて、かなり密な交遊が開けていたようである。

江戸狂歌の流行

江戸狂歌は、和学者内山賀邸《うちやまがてい》に就いて和歌を学ぶ武士たちの中から明和の中頃に生まれた。和歌も武士にとって身に付けておきたい教養であった。若き武家の遊びから生まれた洒落本や咄本などの戯作や狂詩などの成立時期と成立経緯をほぼ同じくしている。培った素養を滑稽なものに振り向けて戯れるというのが彼らの中の流《は》行《や》りであった。

簡単に言えば狂歌は和歌のパロディである。五七五七七という形式の中で、縁語や掛詞といった和歌の技法をむしろ過剰に用い、雅語を用いるという和歌の制約を取りはらって、和歌とは正反対の卑俗な内容を詠むという、形式とのギャップに戯れる遊びである。

田安家の家臣小島源之助《こじまげんのすけ》が同門の先達で、南畝は明和六年（一七六九）に、小島が開催する狂歌の会に参加する。ここからさまざまな人間を巻き込んでじわじわと流行していくのである。狂歌の世界では滑稽な狂名を用いる。日常とは別人格を措定して戯れるのは戯作の戯名と同じ発想で、同じ穴のむじなの尻尾が見えるようである。小島源之助の狂名は唐衣橘洲《からごろもきつしゅう》、大田南畝は四方赤良、赤良の盟友の幕臣山崎景貫《かげつら》は朱楽菅江《あけらかんこう》である。どのような遊びであるのか彼らの狂歌を一首ずつ紹介しよう。

いまさらに雲の下帯ひきしめて月のさはりの空ことぞうき　唐衣橘洲

解釈：「今日はあの日だからだめよ」というのは遊女のお決まりの嘘（そらごと）。雲は月の障りであるという和歌世界の約束的表現を上手く使い、空に関わる縁語をちりばめて卑俗な内容を上品に歌い上げている

借金も今はつゝむにつゝまれずやぶれかぶれのふんとしの暮　あけら菅江

解釈：年の暮れは大節季、掛け売りの借金の決済を済ませなくてはならない。その借金、包み隠すことができないくらいの破産状態、破れかぶれの年の暮れである。その借金地獄のあからさまな様は、破れた古褌《ふるふんどし》からぽろりはみ出ているごとくである

あなうなきいつくの山のいもとせをさかれてのちに身をこかすとハ　四方赤良

解釈：「鰻《うなぎ》に寄する恋」という題。「あな憂《う》（ああつらい）」に「鰻」を掛ける。穴は鰻の縁語。「山の芋変じて鰻となる」という諺があって、その「山の芋」に「妹と背（恋人同士）」を掛けて、二人の仲をさかれてと続ける。江戸前の鰻の捌き方は背開き。だから「背を割かれて」。恋の思いに身を焦がすと鰻の蒲焼きをうまく言いかけて、まさにアクロバット的な言葉遊びである

この他賀邸門の狂歌仲間には煙草屋の稲毛屋金右衛門、狂名平秩東作《へづつとうさく》という平賀源内と交友関係にあるくせ者もいた。身分を超えて徐々に同好の輪が広がり、あちこちに会ができ、江戸市中に狂歌が流行していった。天明期に入ると四方赤良は江戸人注目の的となっていく。

彼らの狂歌は会の場での詠み捨てが原則、狂歌集が出版されることはないままであったが、天明三年に唐衣橘洲編『狂歌若葉集』と四方赤良編『万載狂歌集』の二撰集が出版され、状況は一変する。とくに『万載狂歌集』は秀逸な出来で、江戸文芸の代表作の一つであろう。部立てをきっちり守って全体が勅撰集のパロディとなっている。書名は八代集の中の『千載和歌集』をもじりつつ、正月の風物詩三河万歳の万歳を利かせて目出度さにあふれるものとなっている。四方赤良自身、随筆『奴凧《やっこだこ》』に「此集あまりに行はれければ」と記しているように、大きな評判となり、狂歌人気は一気に顕在化、爆発的に流行していく。

狂歌師蔦唐丸誕生

　蔦重の天明三年の出版物は賑やかである。春の吉原細見『五葉松《ごようのまつ》』は、恒例となっている喜三二の序文に加えて、四方山人すなわち南畝の跋文《ばつぶん》と菅江の祝言狂歌を載せる。細見出版の権利を完全に手に入れて、以後蔦重の独占出版となるが、その記念の細見だとされている。

　黄表紙は春町作品が二点、喜三二作品が三点、燕十作品が二点の七点に加えて、南畝の袋入本を二点出版している。それに加えて、洒落本の出版がある。まず喜三二の『柳巷訛言《さとなまり》』、これは咄本を模したもので春町が挿絵を描いている。燕十の『淯都洒美撰《ことしやみせん》』は、『一目千本』『急戯花の名寄』『娼妃地理記』の流れに位置する遊女評判記である。そして雲楽山人《うんらくさんじん》の『契情手管《ちえかがみ》智恵鏡』、唐来三和《とうらいさんな》の『三教色《さんぎようしき》』の二作の洒落本もある。雲楽山人は南畝とも旧知の幕臣らしい。唐来三和はこれ以後蔦重版にもっぱら筆を執って、ほぼ専属の戯作者として重要な役割を果たす人間である。

もと高家に仕える武士だったと伝えられるが、もうこの時期には武家社会を去っていたものらしい。蔦重宅でごろごろしていたのではなかろうか。三和の発句は安永期の俳書に散見される。俳諧を主として、さまざまな文芸仲間の輪が、さまざまな地域・階層・身分の中で、あるいはそれを超えてできており、それらの輪は接したり交わったりしながら、立体的で複雑な交遊図を作り上げていた時代である。『三教色』の挿絵を描いている歌麿や蔦重と接点が無かったとはいえないし、あるいは接点を取り結ぶ者が間にいても不思議ではない。ついでながら、歌麿について言えば、他に燕十の黄表紙『啌多雁取帳《うそしつかりがんとりちょう》』の画工を務め、洒落本『契情手管智恵鏡』にも挿絵を描いている。また、この年の吉原燈籠の番付『燈籠番付青楼夜のにしき』は冊子体で、これも歌麿が描いている。蔦重専属の絵師のような立ち位置である。今後の蔦重と同様に、歌麿は天明期の文芸世界に欠かせぬ一人となる。

正月刊の南畝の狂詩集『通《つう》詩《し》選《せん》笑《しょう》知《ち》』は、唐詩選の注釈書のパロディで、前年十一月九日、南畝長男髪置の祝いに南畝宅を訪れた蔦重が依頼したものであることが記されている。その依頼を即席にこなす南畝の才にも呆れるが、それを翌年正月

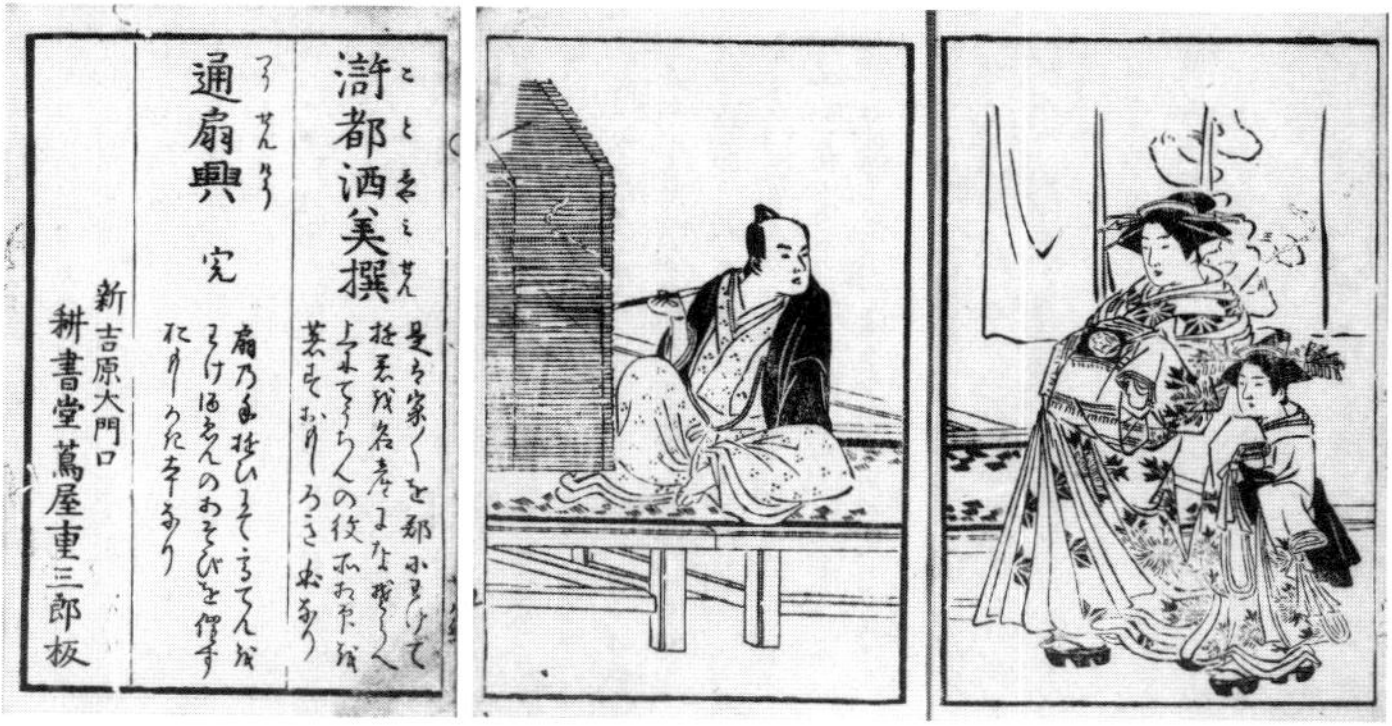

雲楽山人作、喜多川歌麿画『契情手管智恵鏡』天明３年（1783）　東京都立中央図書館蔵

唐来三和作、喜多川歌麿画『三教色』天明３年（1783）　国立国会図書館デジタルコレクション（https://dl.ndl.go.jp/pid/8929549）

四方山人選、朱楽菅江註『通詩選笑知』天明３年（1783）　四天王寺大学図書館恩頼堂文庫蔵　出典：国書データベース（https://doi.org/10.20730/100441807）

新版として年内に仕立て上げる版元の意欲にも驚嘆する。

武士を中心とした戯作執心の者たちが蔦重出版物を舞台に興じ始めた感がある。それは、喜三二・春町という黄表紙作者が蔦重から出版するようになったことがまず大きい。そして、蔦重との交遊が、自身の作を蔦重から出してみようという南畝の意欲に結びついたことが極めて大きい。そして、それは南畝周辺の人間も巻き込みつつ、南畝を中心とした文芸世界が蔦重の才能と大きく交わって、天明期の華やかな文化を創り上げていくのである。

この年、南畝ら狂歌師・戯作者たちと蔦重との交遊が密になっていくと同時に、先に述べたように、爆発的な狂歌流行が江戸に起こっていく。正月七日、南畝と朱楽菅江が、吉原京町の遊女屋大文字屋主人・蔦重とともに吉原江戸町の扇屋を訪れて狂歌を詠む（『巴人集《はじん》』『徳和歌後万載集』）。狂歌流行の波は、新しもの好きで文芸熱の高い吉原にいち早く起こる。扇屋主人宇右衛門は墨河《ぼくが》の表徳（俳号）で有名な通人で、狂名は棟上高見《むねあげのたかみ》。大文字屋主人は加保茶元成《かぼちやのもとなり》。大黒屋庄六は俵小槌《たわらのこづち》。三人とも今後の吉原連の中心的存在となる。そして蔦重は蔦唐丸《つたのからまる》の狂名を名乗る。

南畝は、「判取帳」と名付けた書画帳に当時交遊していた人びとの筆跡を求めていた。三月頃かと思われるが、南畝宅を訪れた蔦重は、これに筆を執る。「才蔵集／吉原細見／新吉原大門口／四方先生板元つたや重三郎／狂名蔦のから丸／（富士山形に蔦の葉の屋標）」。狂名を記していながら狂歌は無い。「才蔵集」は、『万載狂歌集』の嗣編としてこの時南畝に編纂を頼み込んだものなのであろう。天明七年（一七八七）に日の目を見る。「四方先生板元」と書いた蔦重の思惑が興味深い。蔦

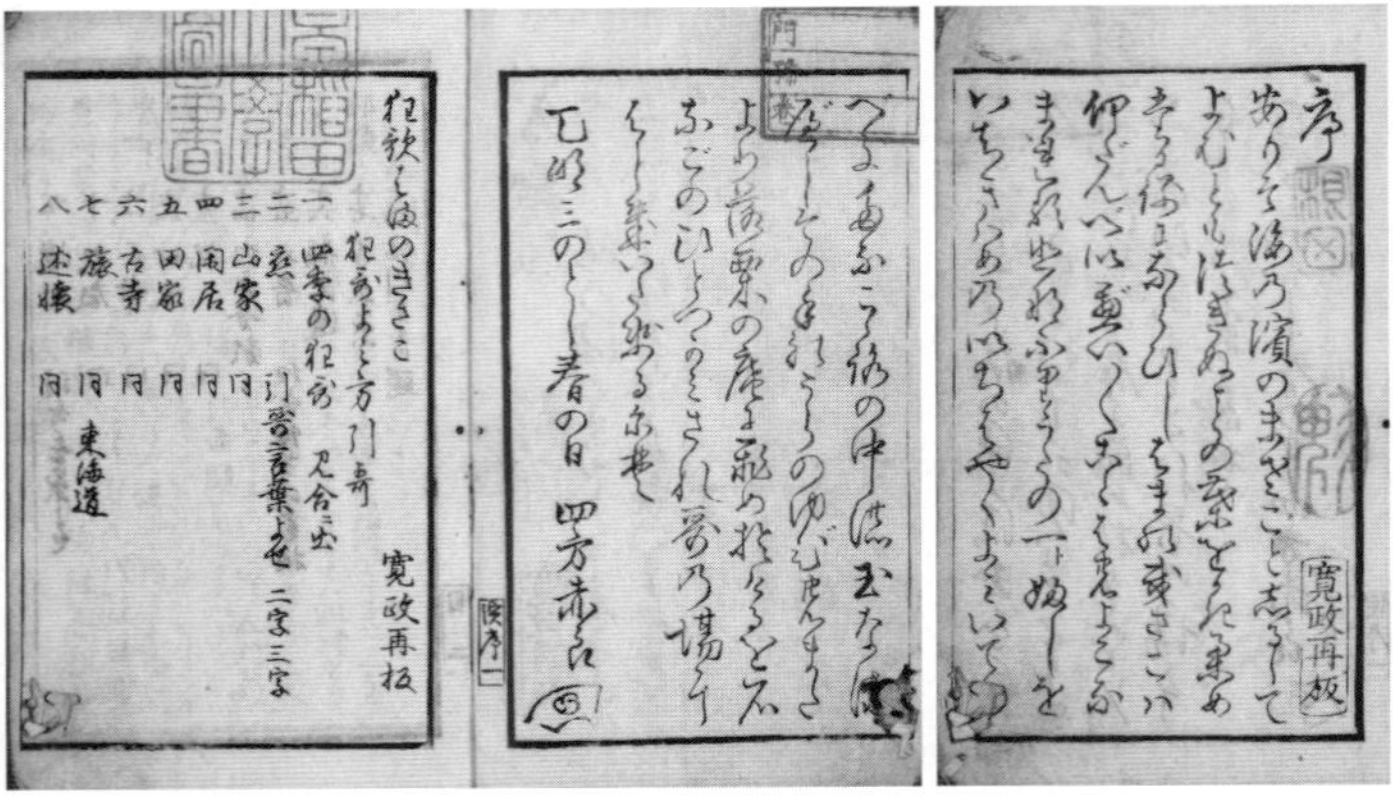

元木網編『浜のきさこ』寛政12年（1800）　早稲田大学図書館蔵

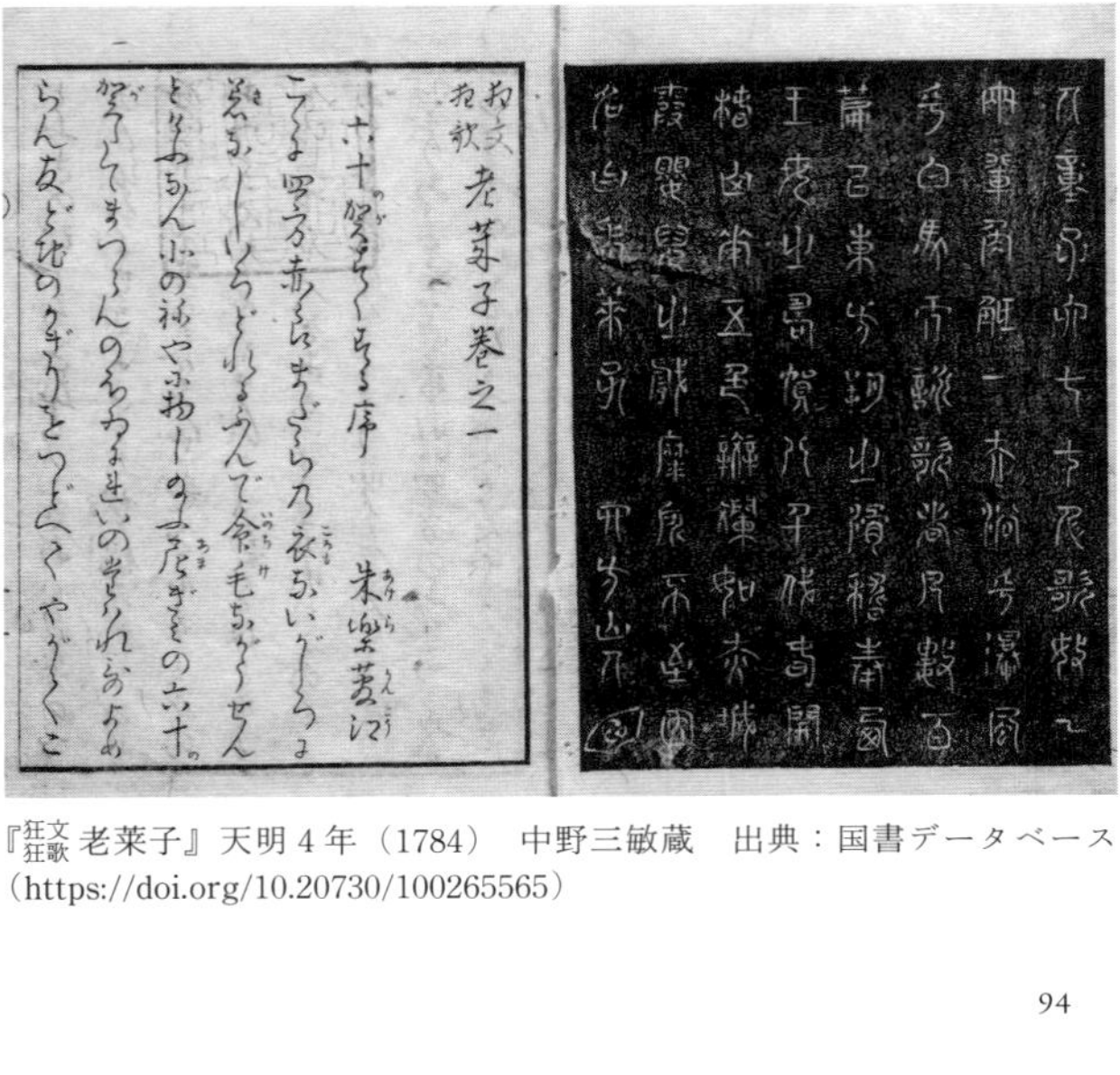

『狂文狂歌 老莱子』天明４年（1784）　中野三敏蔵　出典：国書データベース（https://doi.org/10.20730/100265565）

重と南畝、両者馴れ合いの空気の中で、しっかり期待するところを蔦重はアピールしている。天明三年三月には元木網《もとのもくあみ》編の狂歌作法書『浜のきさご』を出版している。流行の狂歌を自分も詠んでみようという初心者向け手引き書である。巻頭に南畝の序文があるが、これも蔦重の依頼によるものであろう。

三月二十四日、目白坂大黒屋で大田南畝母利世六十賀会が開かれる。その時、南畝の交遊圏の中にいる狂歌師や戯作者たちが祝儀の狂歌や狂文を寄せているが、これを編纂した『狂文狂歌老莱子《ろうらいし》』が翌天明四年正月に「四方先生板元」蔦重から出版される。

狂歌の世界は、貴賤上下、戯作者や役者、また何者でも無かった者まで取り込んで、南畝を中心として大きく輪を広げていくが、蔦重は、その世界の中に深く入り込んで、彼らの印刷御用を務めていく。狂歌師蔦唐丸を演じる摺物所である。交遊に興じる彼らに、木版印刷による摺物や冊子という遊びの締めくくりを用意する。それらの発行によって蔦重店は流行最先端を行く通な店として世にアピールしていくのである。

中でも恋川春町は狂歌の遊びに夢中で、南畝らとの交遊が頻々と行われる。狂歌は連の単位で活動するのが通常であるが、彼は、江戸の各連所属の狂歌師を総結集して行う「大会」をしばしば企画している。天明四年、六月十五日に行われた「狂歌なよごしの祓」の会もそれである。夏越祓《なごしはらえ》のもじりで、向島三囲《むこうじまみめぐり》神社そばの料理茶屋で行われた。参加者は六十人に及ぶ。四方赤良・朱楽菅江・蔦唐丸・加保茶元成・宿屋飯盛《やどやのめしもり》・頭光《つむりのひかる》・腹唐秋人《はらからのあきんど》・大屋裏住《おおやのうらずみ》・元木網・智慧内子《ちえのないし》・平秩東作・鹿都部真顔《しかつべのまがお》といった古参新参腕こきの狂歌師に加えて、これまで戯作をもっぱらとしていた者が多数参加しているのは注目すべきところである。まず酒上不埒《さけのうえのふらち》（恋川春町）・鑿釿言墨曲尺《のみのちょうなごんすみかね》（鳥亭焉馬）・手柄岡持《てがらのおかもち》（朋誠堂喜三二）・竹杖為軽《たけつえのすがる》（万象亭《まんぞうてい》）などを確認できる。

戯作と狂歌の世界が大きく重なっている。戯作と狂歌は、文学史的常識では、別ジャンルとして区別されるが、もともと同じ母体、同様の教養層が生み出した遊びである。違和感は稀薄であったと思われる。南畝も黄表紙を作るし、春町・喜三二が狂歌も詠む。蔦重の出版物の中でも越境の意識も無く共存していくのである。南畝を中心にふくれ上がったいわゆる天明狂歌の本質は、狂歌という文芸そのものにあるのではなく、狂歌をつなぎとしてさまざまの才能が寄り合って交錯するところにあった。たとえばこの天明三年の四月二十五日に柳橋河内屋で行われた万象亭主催の宝合《たからあわせ》会など、狂歌師勢揃いの様相を呈するが、その会の記録である『狂文宝合記』を見る限り、狂歌の役割は小さい。本屋感丸出しの狂歌師蔦唐丸が狂歌の世界の真ん中に存在していても違和感は無い。

地本問屋蔦屋重三郎

日本橋通油町

天明三年九月、蔦重店は日本橋通油町《とおりあぶらちょう》に移転する。なお、吉原大門口の店は蔦屋重三郎の出店として存続し蔦屋徳二郎名義となる。徳二郎についてはよくわからない。曲亭馬琴の『近世物之本江戸作者部類《きんせいもののほんえどさくしゃぶるい》』に「天明中、通油町なる丸屋とい ふ地本問屋の店庫奥庫を購得て開店せしより、その身一期繁盛したり」とある。丸《まる》屋小兵衛《やこへえ》の店を購求したものらしい。丸屋小兵衛は古株の地本問屋であった。明和期まで紅摺絵や草双紙の出版を確認できるが、安永期の出版物は確認できない。営業をまったく休止していたのかもしれないし、小売営業だけ行っていたのかもしれない。蔦重はその店と蔵とを買い取ったのである。富本浄瑠璃が好調であったりしたところで、また、蔦重店を訪れる客が増えたりしたところで、これまでの営業の積み重ねで、日本橋に店を構えられるだけの蓄財が可能であったとは思えない。吉原有力者の支援もあったものかと想像する。吉原にとってみても、吉原細見はもちろん、俄や燈籠の番付、また遊女の一枚絵などが並ぶ日本橋の蔦重店は吉原の広告塔の役割を期待できる。

蔦重の日本橋開店は、江戸市中の大きな話題となったはずである。そもそも地本類はすでに江戸っ子の自慢のたねとなっていたので、丸屋小兵衛に代わる新しい地本問屋の開店は、それだけで話題になったと思われる。それに加えて、吉原から江戸市中に進出してくる本屋の登場など前代未聞のことであった。そしてその本屋が、『碁太平記白石噺』に登場したり、最近何かと話題に上る蔦重なのであった。また富本浄瑠璃の好調とともにその版元として蔦重の名は急速に浸透していったものと思われる。それに加えて、吉原発信の黄表紙、喜三二や春町の戯作、そして狂歌熱の高まりとともに人気急上昇の南畝が関わった出版物、前評判のたねに事欠かない。賑やかに取り揃えたこの春の当世本出版は、すでに日本橋進出の目処が立っていた上での挙、前もって評判を煽るための仕掛けだったのではなかろうか。

さて、蔦重が丸屋小兵衛から購入したのは不動産だけではなかったはずである。沽券《こけん》、すなわち営業権ともどもであったと思われる。具体的には明らかにしがたいが、それは主に流通に関わる利権であったろう。問屋同士の交易、また絵草紙屋や行商への卸などに関わる地理的、また営業上の利便を獲得し、蔦重は名実ともに江戸の地本問屋となった。話題性に満ちて、最新のおしゃれ感で抜きん出る日本橋の蔦重店には、多くの新しもの好きの江戸っ子たちが訪れたことであろう。

北尾政演と喜多川歌麿

天明三年正月刊『柳巷訛言』の巻末に「青楼遊君之容貌　大錦絵摺百枚続　北尾政演筆　其君の自詠を自筆にてしるす　初衣裳生うつしに仕候　正月二日より追〳〵売出し申候／此書後篇追〳〵正筆をあつめ差出し御覧に入可申候／耕書堂蔵」という広告が載る。遊女絵連作の出版を試みようとしたものらしい。「青楼《せいろう》名君《めいくん》自《じ》筆集《ひっしゅう》」という標題で大判二枚続のものがこれに該当する。大判二枚に高位の遊女とその新造や禿を二組描いているが、細部のモチーフまで綿密に描き込んでいて、おそらくは実際の様子を写してうがち満載の図であると思われる。その上部に遊女自筆の漢詩・和歌・発句を取り合わせる趣向は、遊女の能書と教養とを前面に押し出し、吉原の文化度の高さを際立たせる。調整と取材協力、吉原の本屋蔦重ならではの仕事である。吉原を広告する機能を負った「雛形若菜初模様」の連作が蔦重の念頭にあったものと思われる。湖龍斎による連作が天明初年に終わり、西村屋与八は鳥居清長《とりいきよなが》を使って「雛形若菜の初模様」の連続出版を開始する。しかしこれも長続きせず天明二年で終わってしまう。そのタイミングで、吉原側からの働きかけもあったかもしれないが、これらを上回る豪華な企画として蔦重が試みたものと思われる。しかし「百枚続」とまでは到底いかなかったようである。版木とおそらくは画稿も利用して、天明四年正月刊の『吉原傾城新美人合自筆鏡《しんびじんあわせじひつかがみ》』という特大判絵本の出版に企画を切り替えることになる。

「百枚続」が実現しなかった理由はいくつか考えられる。一つには当時美人画の領

北尾政演（山東京伝）画『吉原傾城新美人合自筆鏡』天明４年（1784）　東京国立博物館蔵　出典：ColBase（https://colbase.nich.go.jp/）

域において江戸人の好尚は圧倒的に鳥居清長に向いていたこともあるであろう。もう一つは、まだ吉原の本屋であって、江戸の地本問屋ではない蔦重が、西村屋与八のような錦絵の流通網を保持していなかったことが考えられるであろう。

そもそもの企画は十分には達成できなかったが、これまで富本正本の表紙絵や黄表紙の画工を務めていた北尾政演に、当世のこの都市の趣味に大いに適う画才を蔦重が見出していたことは確かであろう。これまで錦絵をほとんど手掛けてこなかったこの新星をことさら起用して注目を集めようとしたものと思われる。

歌麿の一枚絵もこの天明三年頃から蔦重は多く発行していく。「青楼仁和嘉女芸者部《せいろうにわかおんなげいしゃぶ》」はこの年八月の俄に合わせて発行したと思われるもので、現在六図が知られている。「青楼尓和嘉《せいろうにわか》鹿《か》嶋踊《しまおどり》続」も同じ俄に合わせたもの。ともに番付的な要素も濃く、俄見物客の吉原土産となったであろう。行事をより盛り立てる廓内流通の印刷物の発行はいかにも蔦重らしい役割である。そこに、

喜多川歌麿「青楼仁和嘉女芸者部　唐人 獅子 角力」寛政３年（1791）　メトロポリタン美術館蔵

おそらく吉原に由縁のある歌麿が一枚噛ませられたわけである。天明四年になると富本正本の表紙絵や黄表紙も歌麿が手掛けることが多くなる。

　蔦重は狂歌連御用の摺物を手掛けていく。歌麿はその摺物工房の優れた画工として大きな役割を果たしていく感がある。天明四年の四方赤良一派の歳旦狂歌集は、黄表紙の体裁を模したものである。新春の目出度い景物である黄表紙は、なるほど歳旦の狂歌を盛る器として相応しいし、戯作の世界と大きく重なった狂歌の世界にも見合っている。形態だけではなく、書き入れと絵も黄表紙らしいうがちに富んでいて、上々の蔦重企画である。蔦重の用意した目出度い遊びに狂歌師たちが興じた格好である。本町連の『前編 栗の本 大木《たいぼく》の生限《はえぎわ》』、伯楽連の『後編 栗の本 太《ふとい》の根《ね》』、山手連の『年《ねん》始《し》御礼帳《おんれいちょう》』、赤松連の『早来《さあござれ》恵《え》方道《ほうみち》』、小石川連の『金平《きんぴら》子《こ》供遊《どもあそび》』の五点である。このうち『前編 栗の本 大木の生限』と『早来恵方道』は北尾政美、『後編 栗の本 太の根』が歌麿、『年始御礼帳』『金平子供遊』は歌麿門人千代女が画工を務めている。ただし、歌麿門人千代女とは歌麿がでっち上げた烏有の画工で、実際は歌麿が画を手掛けていると思われる。

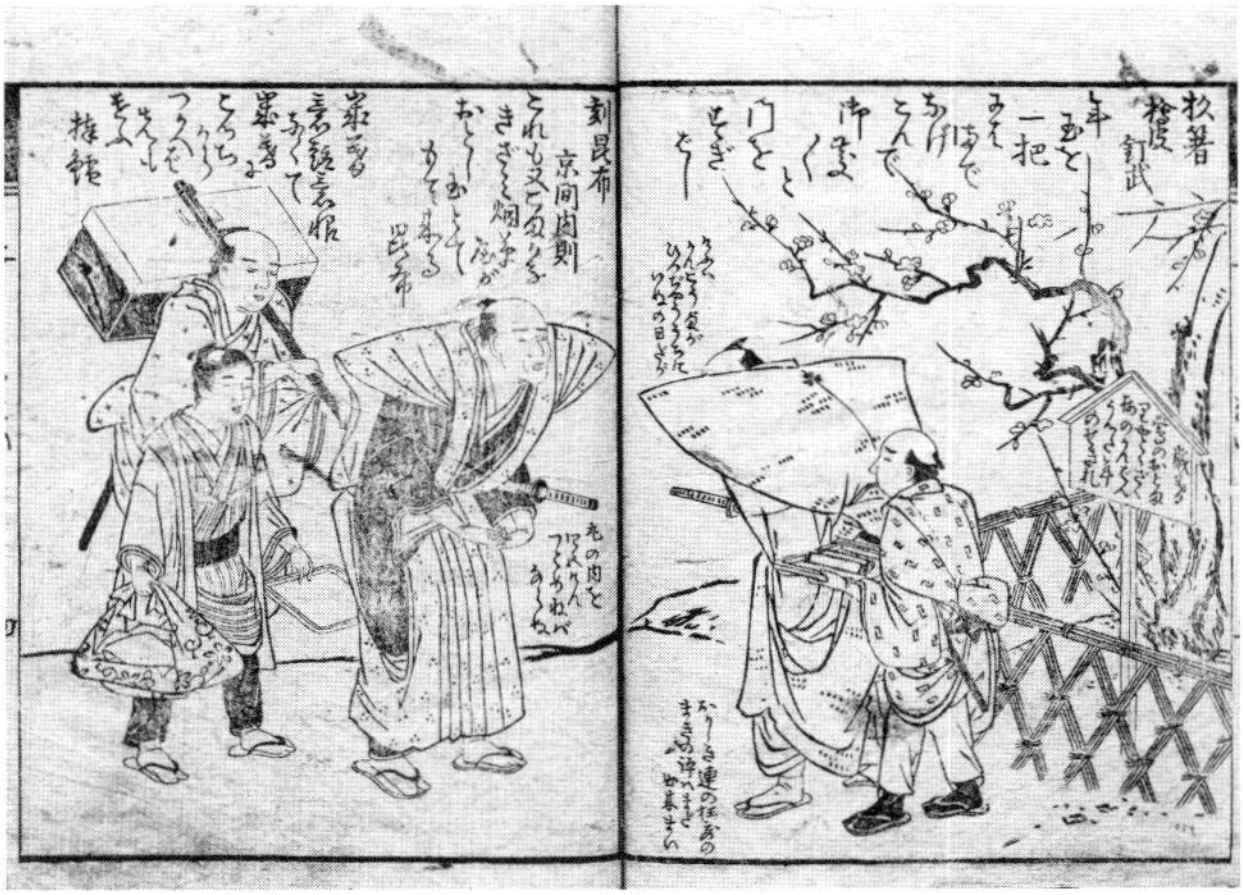

四方赤良作『年始御礼帳』天明 4 年（1784）　国立国会図書館デジタルコレクション（https://dl.ndl.go.jp/pid/9892497/1/6）

天明五年（一七八五）の歳旦は双《すご》六《ろく》仕立ての一枚もの「四方春興夷歌連中《えびすうたれんちゅう》双六」である。双六も正月の景物で、黄表紙仕立ての翌年がこれというのは嬉しい企画である。これに「画工綾丸筆」とあって、これは歌麿の狂名である。「永代橋の橋脚」と題された大判の狂歌摺物も歌麿の画筆になる。版元名は無いが蔦重工房の制作であろう。日本橋の蔦重店は当世本の出版をもっぱらとするおしゃれな店である。この「四方先生板元」の蔦重店に摺物を仕立ててもらうことはとてもかっこよい。歌麿描く錦

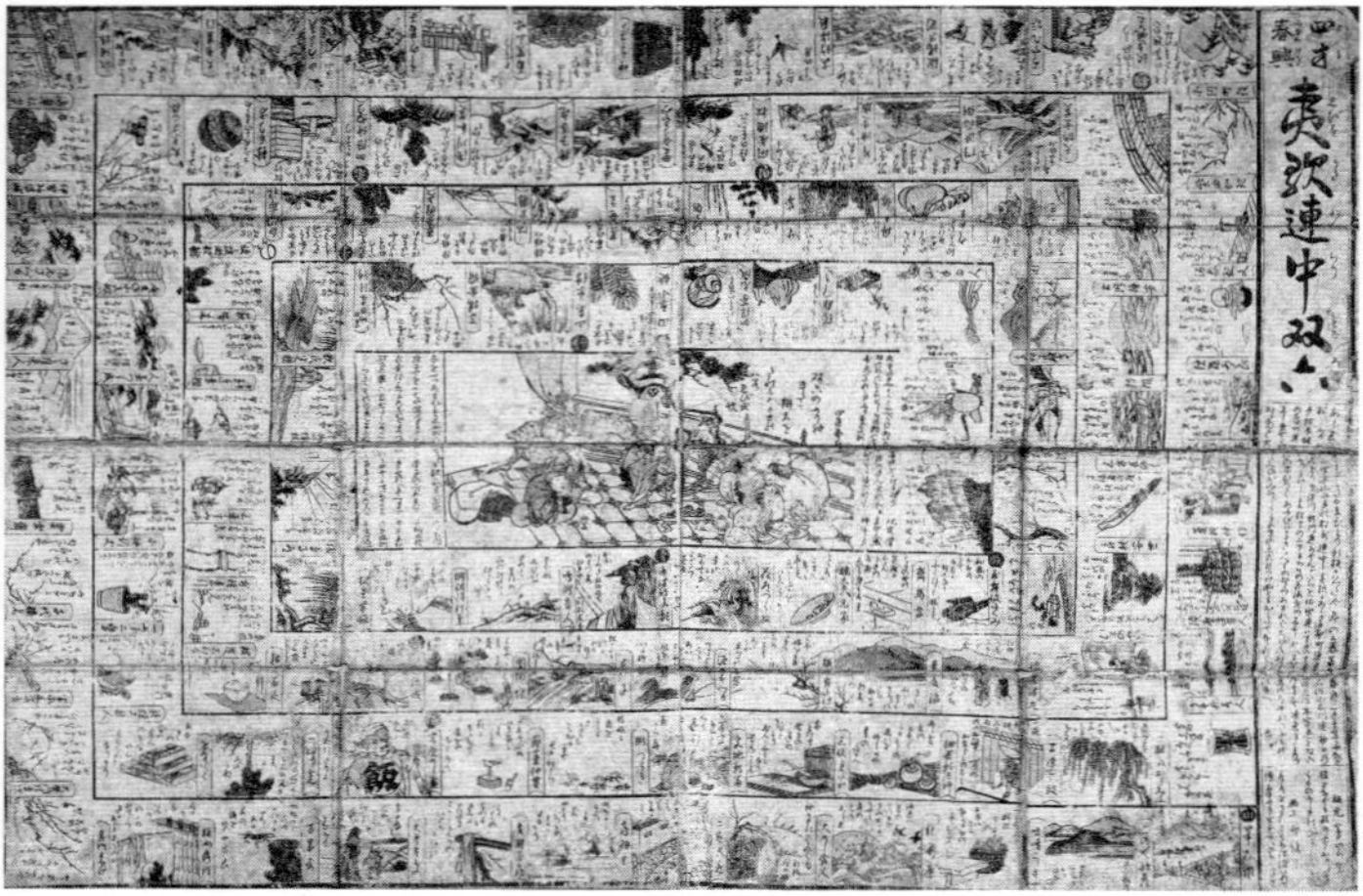

「四方春興 夷歌連中双六」天明5年（1785） 個人蔵

絵様式の摺物に自作の狂歌を入れてもらう、あるいは自分たちを画中に登場させてもらう特注品を依頼するという贅沢な見栄を実現してくれるのが蔦重店であった。とにかく名を売りたい奇々羅金鶏《ききらきんけい》や寝語軒美隣《しんごけんみりん》、また酒楽斎瀧麿《しゅらくさいたきまろ》の狂歌の入った錦絵や絵本がその典型である。そのような蔦重工房の腕こきの絵師として歌麿は活躍していった。

戯作・狂歌の勢い

蔦重の出版物には、往来物などの実用書のように堅実に経営を支えるものと、蔦重店の広告的効果を狙ったものとがある。後者については極めて戦略的である。天明三年の出版物が、当世流行の戯作や狂歌の版元であることをアピールする気張った布陣であったこともそれである。

天明五年正月の黄表紙出版にも演出が凝らされている。それは一冊もの袋入りの競演である。恋川春町作一点、朋誠堂喜三二作二点、芝全交《しばぜんこう》作一点、万象亭作二点、岸田杜芳《きしだとほう》作一点、恋川好町《こいかわすきまち》（鹿都部真顔）作四点、唐来三和作二点、山東京伝作三点、都合十六点で、画工は政美・政演・歌麿が務めている。これら美麗な上袋を掛けたものが店頭の台に並べられた光景はさぞかし見事であったろう。

これに加えて、通常の三冊もの・二冊ものの黄表紙も喜三二・三和・好町等のものが多数出版されている。中でも注目されるのは、京伝の『江戸生艶気樺焼《えどうまれうわきのかばやき》』で、これは大変な評判作となった。京伝は、天明二年鶴屋喜右衛門刊『御存商売物』でその戯作の才能が認識され、南畝を中心とした狂歌・戯作の世界に取り込まれていった。そもそもその画才に期待していた蔦重は、この頃より京伝の戯作も熱心に手

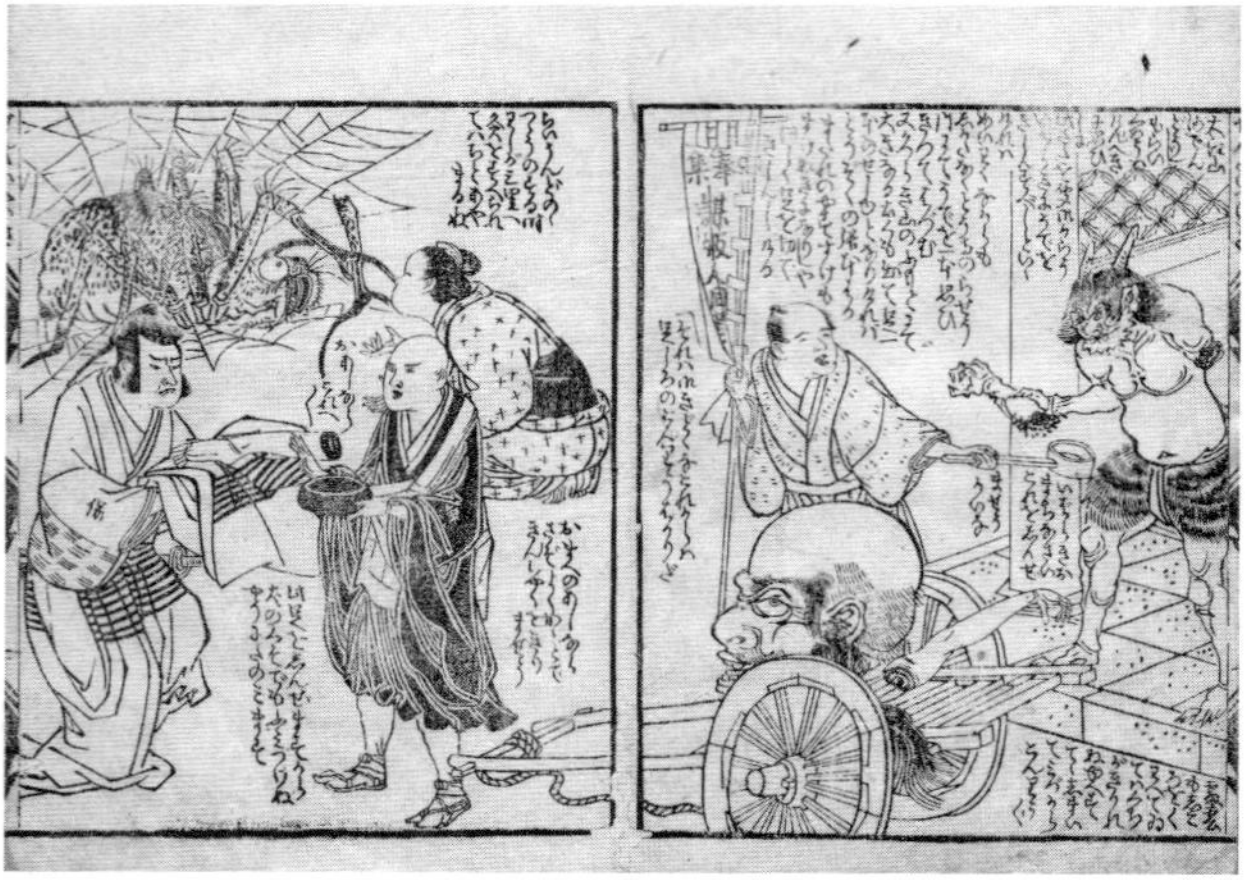

唐来三和作、北尾政美（鍬形恵斎）画『頼光邪魔入』天明５年（1785）　国立国会図書館デジタルコレクション（https://dl.ndl.go.jp/pid/9892525）

掛けるようになる。この年は京伝洒落本の初作『息子部屋《むすこべや》』も出版する。

三和の戯作も大いに注目に値する。初作の洒落本は、孔子と釈迦と天照大神の吉原遊びを描く天明三年刊『三教色』であった。この天明五年は、長崎丸山遊廓を舞台にして唐人を登場させた奇想の洒落本『和唐珍《わとうちん》解《かい》』を蔦重は出版する。教養に裏打ちされた彼の戯作における機知的な滑稽はこの天明期を代表するものと言ってよい。この年の黄表紙でも一冊ものの『頼光邪魔入《らいこうじゃまいり》』、また三冊ものの『莫切自根金生木《きるなのねからかねのなるき》』は上々

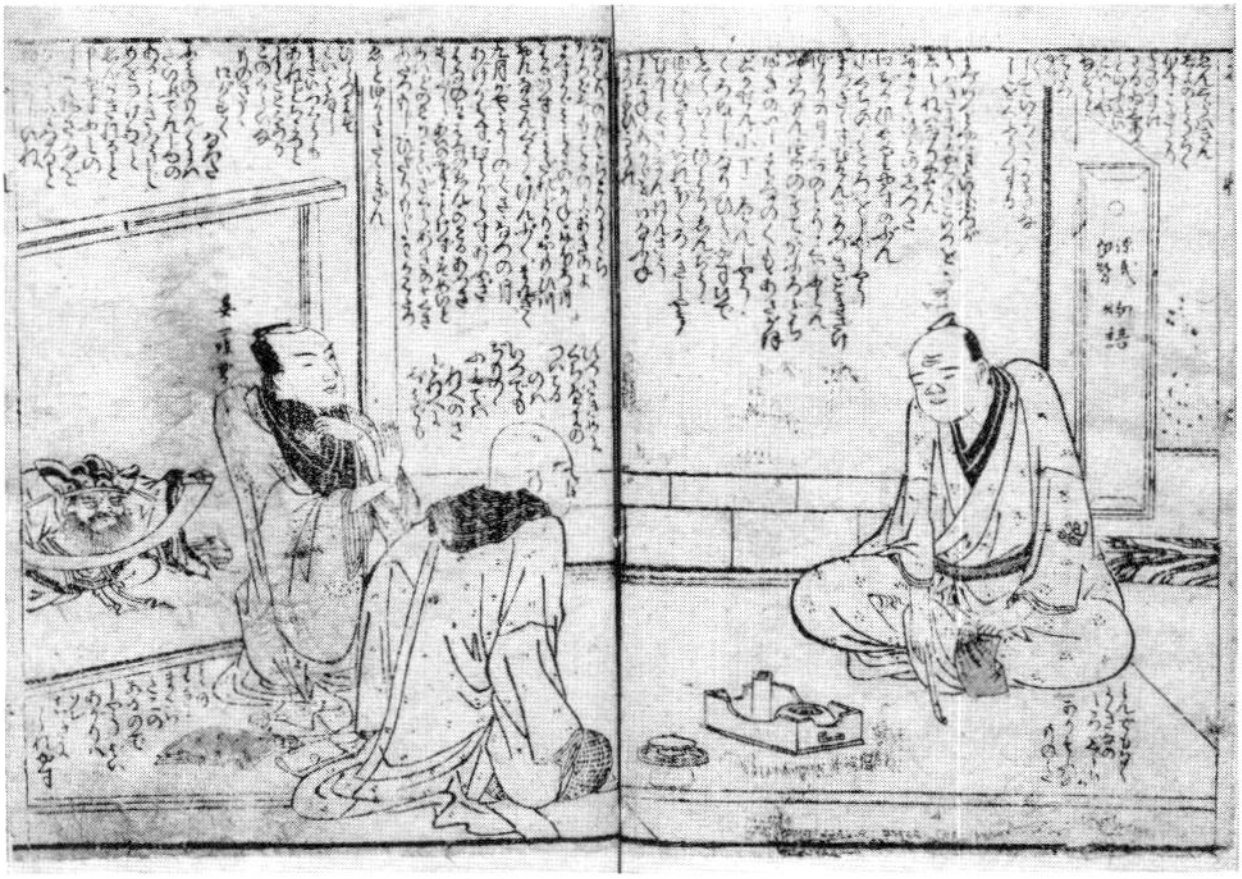

山東京伝作『江戸生艶気樺焼』天明５年（1785）　国立国会図書館デジタルコレクション（https://dl.ndl.go.jp/pid/9892607）

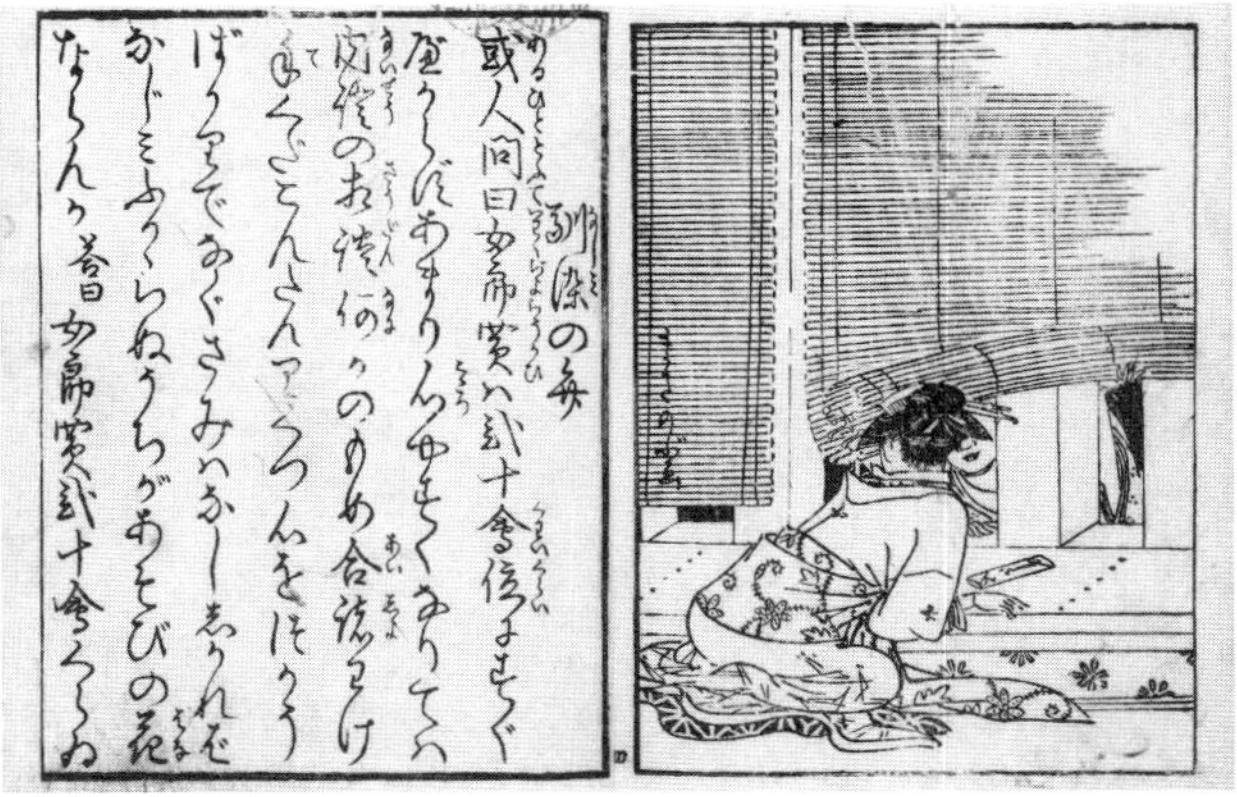

山東京伝作・画『息子部屋』天明５年（1785）　東京都立中央図書館蔵

の作であった。また二冊ものの『書集芥の川々《かきあつめあくたかわかわ》』は、お初徳兵衛はじめ有名な心中もののカップル十一組が一堂に登場する趣向である。全員揃っての道行きの場面のばかばかしさは、京伝の『江戸生艶気樺焼』の道行きの場面と対になる。作者同士、次作の趣向を話題にし、同趣向で馴れ合うような、また戯作者同士の交歓の中から作品が生まれるこの当時ならではの戯作制作の現場を感じさせる。

さて、天明五年正月、菅江撰『故混馬鹿集《ここんばかしゅう》』を蔦重は出版する。本格的な狂歌撰集として、南畝には『狂歌才蔵集』、菅江にはこれを依頼していたのであろう。ここに「よみひとしらず」とあるが、撰者菅江のものと思われる狂歌が載る。最近狂歌が世間に流行し、戯《たわ》けた狂名で狂歌を詠みちらすが、狂歌の手並みはさっぱりであるという意の詞書を置いて「糞船のはなもちならぬ狂歌師も葛西みやげの名ばかりぞよき」。「糞船」は葛西舟のこと。江戸湾沿岸付近の総州（千葉県）の農家は江戸市中の屋敷や長屋の家主と契約を結んでいて、舟を使って便所の屎尿を汲み取りに来る。葛西からばかり来ているわけではないが、江戸人は屎尿を運ぶ舟をすべて「葛西」とか「葛西舟」と呼ぶ。もちろん肥料用で、野菜と交換という契約である。「名」には「菜」を掛ける。寄せられた歌稿の水準にうんざりしたのであろう。

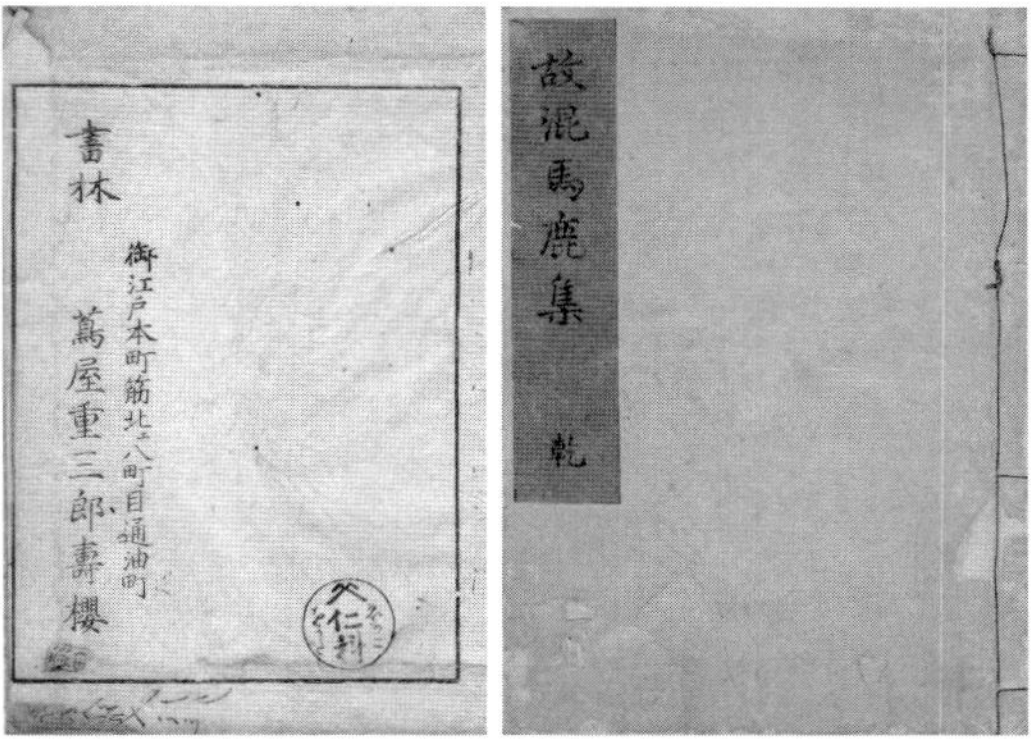

『故混馬鹿集』天明５年（1785）　個人蔵

この二年ほどの間に、狂歌をやってみようという者が急激に増加したこと、総体として狂歌そのものの水準が著しく低下したであろうことがうかがえる。それとともに、最初期からこの世界に遊び、この流行を牽引してきた者たちの間に、流行と距離を置こうという気配が立ち込め始めたこともうかがえる。熱心に狂歌に関わり始めて、天明四年には狂歌の盛行をモチーフとした『万載集著《まんざいしゆうちよ》微来歴《びらいれき》』のような黄表紙を出した春町にしても、大会などを企画することは無くなった。

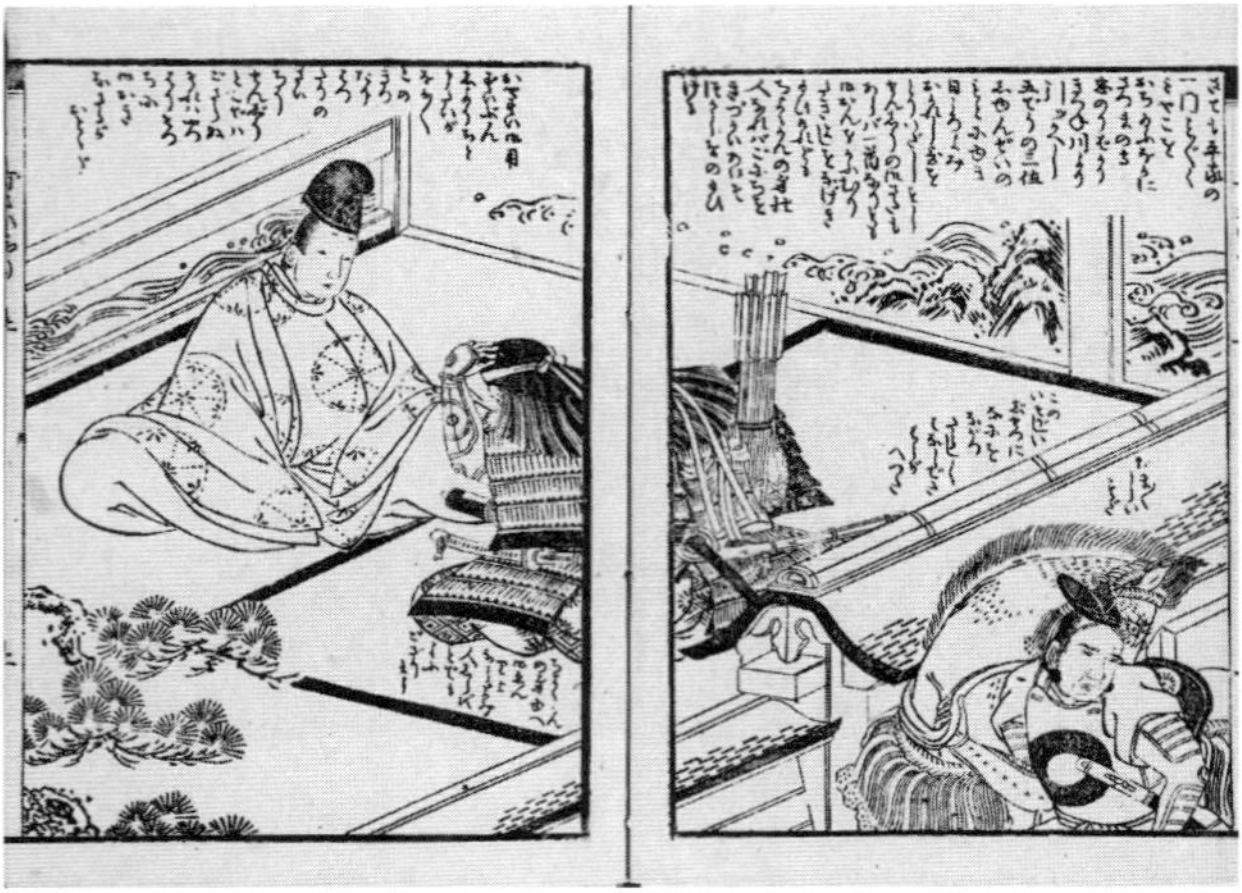
恋川春町作『万載集著微来歴』天明４年（1784）　東京都立中央図書館蔵

そのような空気の中で、いや、そのような空気の中だからと言ったほうがよいかもしれないが、蔦重のこの世界における振る舞いはより目立つものとなっていった。天明五年八月七日、蔦屋重三郎宅に四方赤良・朱楽菅江・唐衣橘洲が集まり、曽我の役名を題にして集めた狂歌をもとに狂歌師の位付を定め、役者評判記に擬した狂歌集を編纂する。これは翌天明六年（一七八六）に『狂歌評判俳優風《わざおきぶり》』として出版される。狂歌の世界の盛り上がりを出版物で演出していく蔦重企画である。

『狂歌《きょうか》百《ひゃっ》鬼《き》夜《や》狂《きょう》』が天明五年冬の南

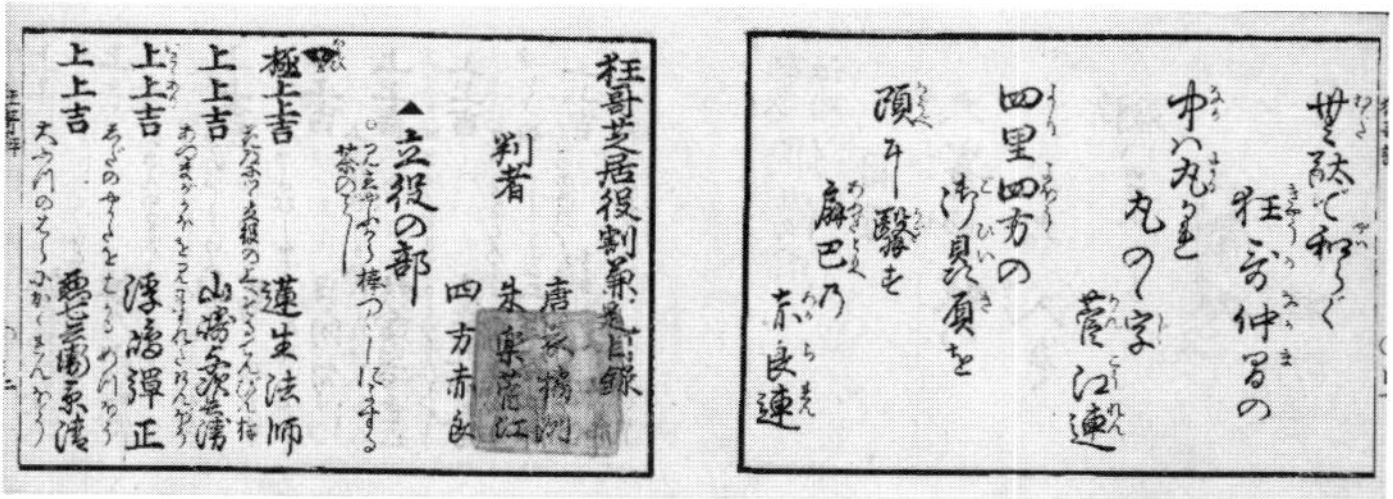

四方赤良（大田南畝）・朱楽菅江・唐衣橘洲編、頭光画『狂歌評判俳優風』天明6年（1786）　関西大学図書館蔵　出典：国書データベース（https://doi.org/10.20730/100346017）

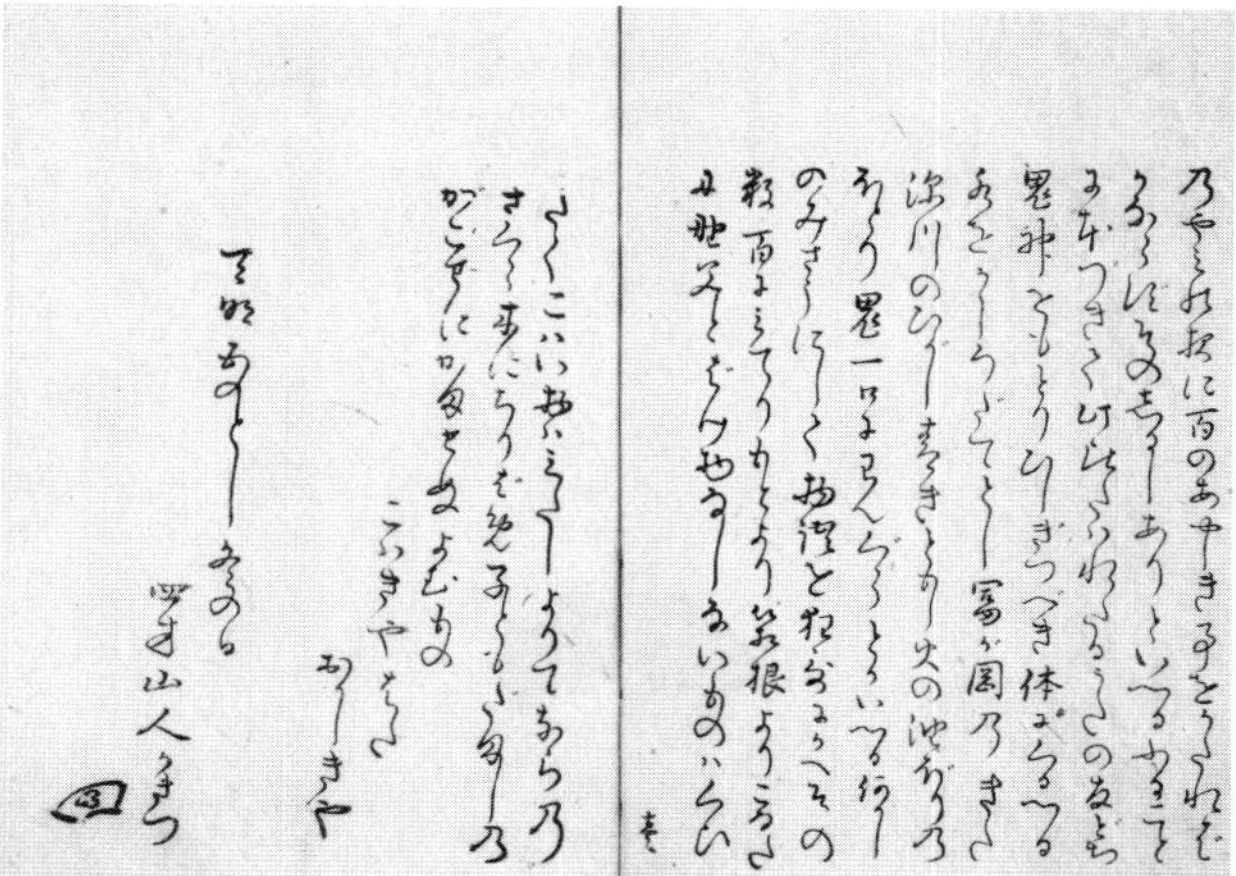

平秩東作編、蔦唐丸（蔦屋重三郎）催主『狂歌百鬼夜狂』天明5年（1785）早稲田大学図書館蔵

畝による序文を付して出版される。これは、百物語になぞらえて化け物題の狂歌を順繰りに百首詠み合うという十月に行われた催しに基づく狂歌集である。平秩東作「百ものがたりの記」所掲「百物語戯歌の式」末に「天明五年乙巳十月十四日　催主蔦唐丸」とあって、蔦重主催の催しである。参会者は、平秩東作・紀定丸《きのさだまる》・唐来三和・四方赤良・宿屋飯盛・山東京伝・算木有政《さんぎのありまさ》・今田部屋住《いまだべやずみ》・頭光・馬場金埒《ばばのきんらち》・大屋裏住・鹿都部真顔・土師掻安《はじのかきやす》・問屋酒船《とんやのさかぶね》・高利刈主《こうりのかりぬし》。「百ものがたりの記」にこのふざけた催しの始終が尽くされ、それに続いて化け物題の狂歌が並ぶ構成である。

出版物となることを大前提に、蔦重がお膳立てするこれらの企画は、狂歌界の健在ぶり、盛行を演出し、実際の沈滞ぶりを打ち消そうとするものであった。

季節の終わり

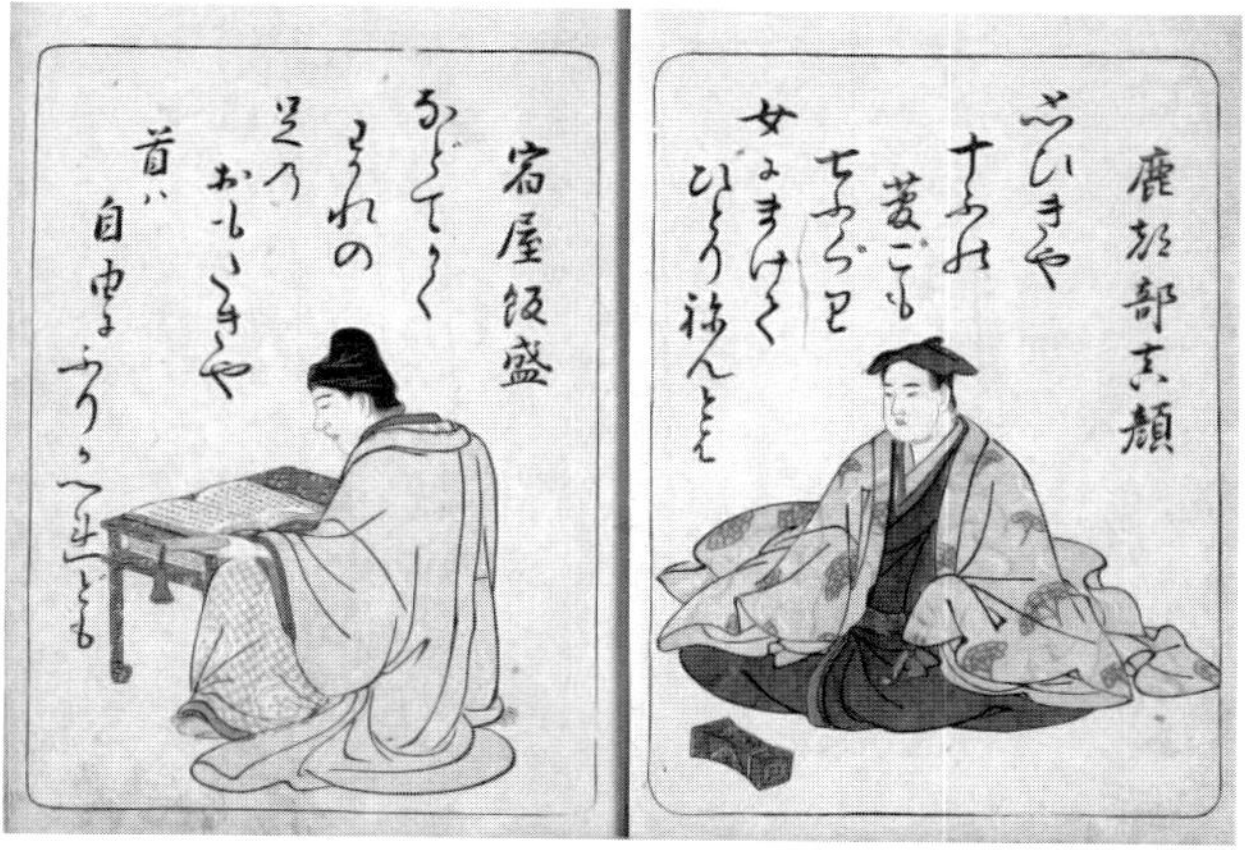

宿屋飯盛（石川雅望）編、北尾政演（山東京伝）画『天明新鐫五十人一首 吾妻曲狂歌文庫』　天明6年（1786）　東京都立中央図書館蔵

狂歌絵本

天明六年正月に出版された『天明新鐫五十人一首 吾妻曲《あずまぶり》狂歌《きょうか》文庫《ぶんこ》』は、各半丁に当代の代表的な狂歌師五十人の彩色摺の画像と狂歌を取り合わせて仕立てた豪華な狂歌絵本である。序を記している宿屋飯盛に編纂を任せ、画工は北尾政演こと、山東京伝である。この年蔦重は京伝作品を多数出版している。『客衆肝照子《きゃくしゅきもかがみ》』や『小紋新法《こもんしんぽう》』といった洒落本、また『明矣七変目景清《あくしちへんめかげきよ》』『江戸春一夜千両《えどのはるいちやせんりょう》』という上々の黄表紙である。京伝の戯作の才能に一目も二目も置いて

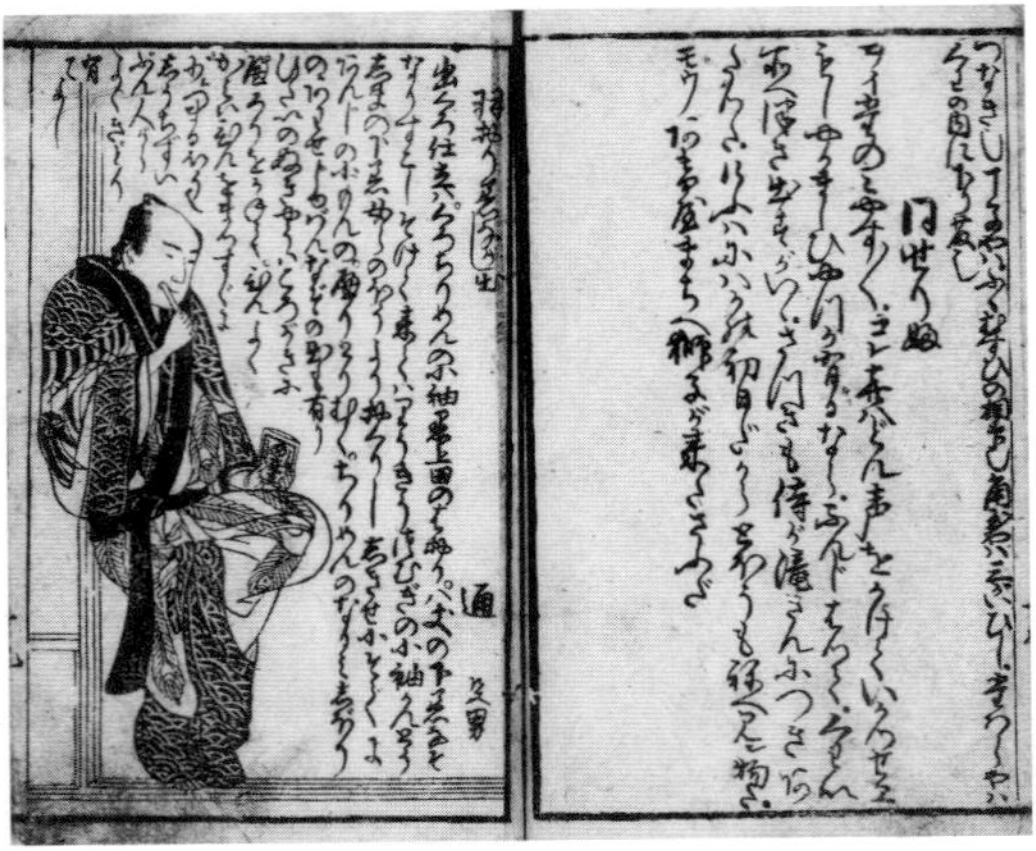

山東京伝作『客衆肝照子』天明６年（1786）　東京都立中央図書館蔵

いたからであると思われるが、それとともに政演の画技も極めて高く評価していたものと思われる。実際この『吾妻曲狂歌文庫』の機知に富んだ画面構成は政演らしい才知あふれるもので、絵本史に残る名品というに憚らない。翌天明七年にも同想の企画『百人一首古今《ここん》狂歌袋《きょうかぶくろ》』を出版するが、これらはこの当時の江戸狂歌の世界の華麗さを紙上に演出しているのである。この絵本は、江戸狂歌の世界をことさら広告するものであり、同時に狂歌に関わる者を世に広告する役割を担っている蔦重店の広告としても機能しているといってよかろう。

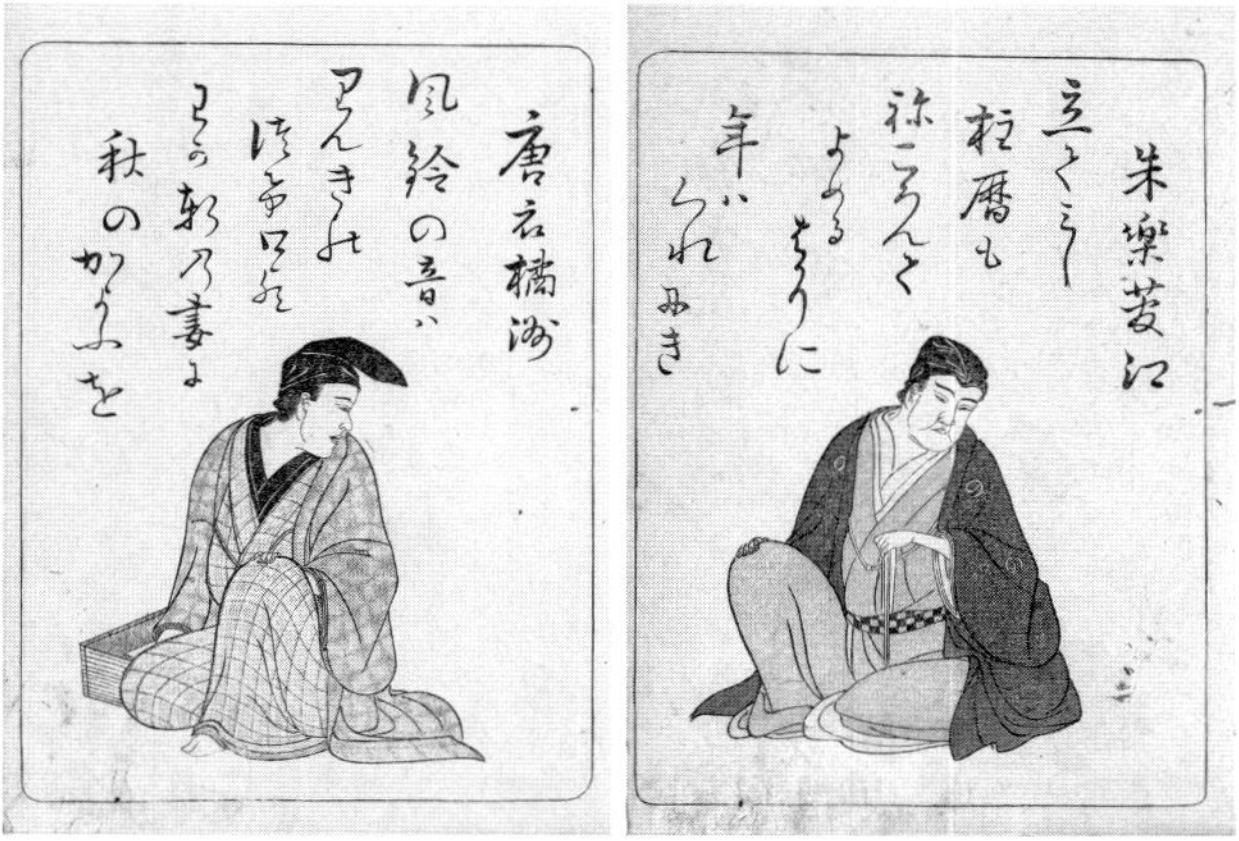

北尾政演（山東京伝）画、宿屋飯盛（石川雅望）撰『百人一首古今狂歌袋』天明7年（1787）　たばこと塩の博物館蔵

この年、半紙本三冊ものの絵本三点を蔦重は出版する。北尾重政画の武者絵本『絵本八十宇治川《えほんやそうじがわ》』、同じく重政画の江戸名所絵本『絵本吾妻抉《えほんあずまからげ》』、歌麿の江戸名所絵本『絵本江戸爵《えほんえどすずめ》』である。『絵本八十宇治川』には四方赤良、『絵本吾妻抉』には唐衣橘洲、『絵本江戸爵』には朱楽菅江の序が据えられている。狂歌界の三巨頭を序文筆者に揃えて一連の企画であることは歴然である。赤良序には「耕書堂のすゝめいなみがたく」序文を執筆した旨がうかがえるのみであるが、菅江序にも橘洲序にも、江戸名所を描かせた絵本に、

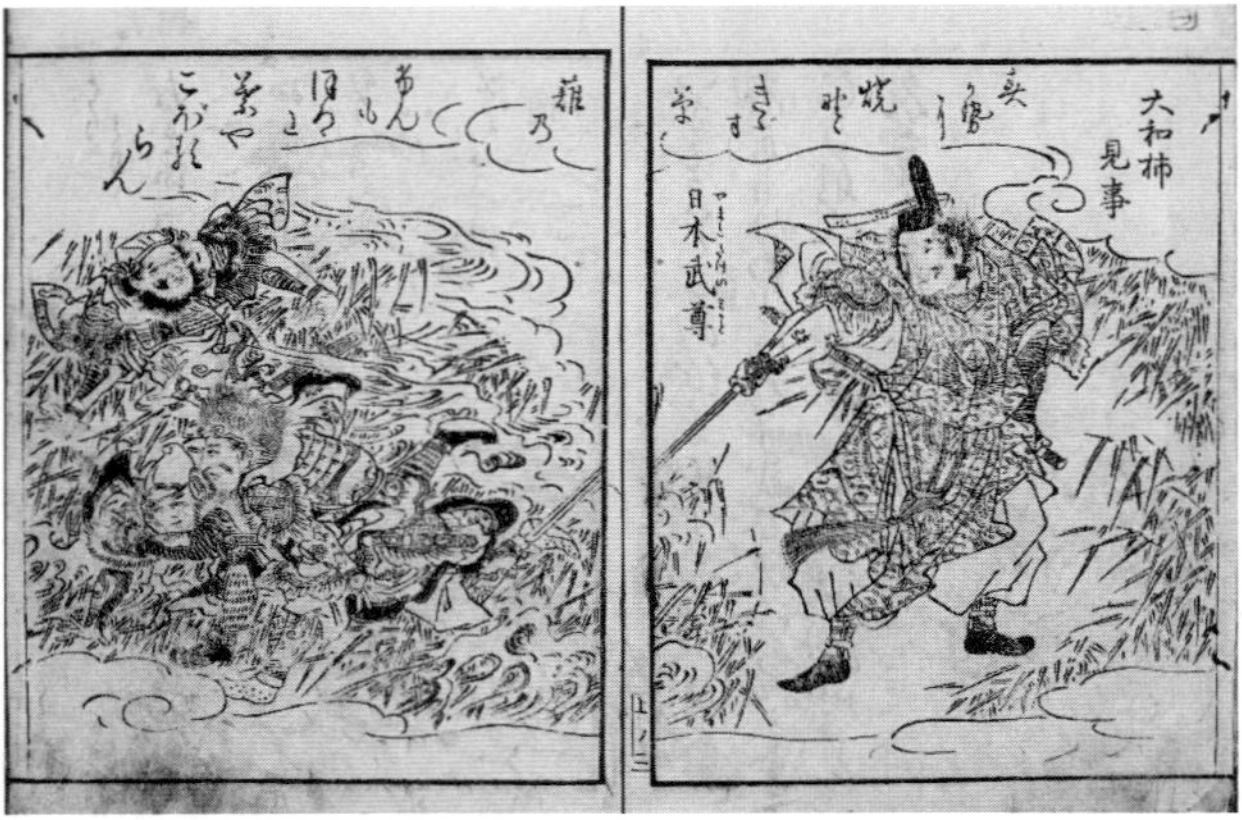

北尾重政画『絵本八十宇治川』天明６年（1786）　早稲田大学図書館蔵

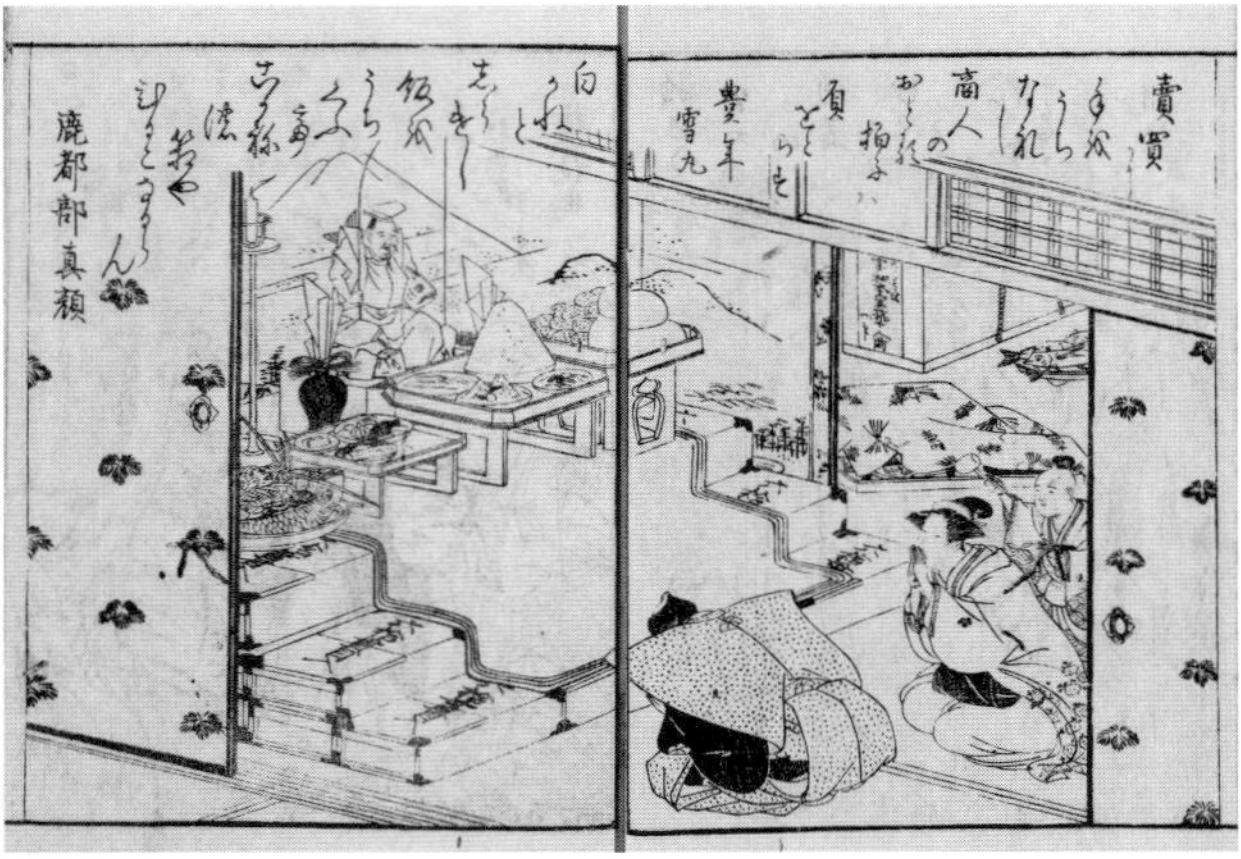

北尾重政画『絵本吾妻袂』天明６年（1786）　国立国会図書館デジタルコレクション（https://dl.ndl.go.jp/pid/2554971）

画図に合わせた狂歌を蔦重が狂歌師たちに依頼し編纂したものであることが書かれている。赤良・菅江・橘洲の序文を戴いた当時人気の絵師による絵本に入集するのは大きな見栄になるであろうし、それなりの掲載料（入銀）が発生したであろうことは十分推測できる。

つまり、彼らが紙上に戯れることのできる絵本という場を蔦重は設定したのである。このショーアップされた戯れの様子は世に広くアピールされ、戯れた人間には、自己顕示欲の満足をもたらす。さらに、このような出版物に刺激を受けて、この世界に遊んでみようという思いを抱く人びともますます増加していくことになろう。

翌天明七年正月には、かねて南畝に依頼していた狂歌撰集『狂《きよう》歌《か》才蔵集《さいぞうしゆう》』を刊行する。秀歌が集まらず、かなりの難産であったと思われるが、江戸狂歌に関わる書籍・摺物制作を専門とする本屋にとっては、大きな看板を得たことになる。

この年の正月に出版した喜多川歌麿画狂歌絵本『絵本 詞《ことば》の花』には、宿屋飯盛が序文を書いている。そこに「ことしえりたるふたつの巻は堪能重代重三郎がくも

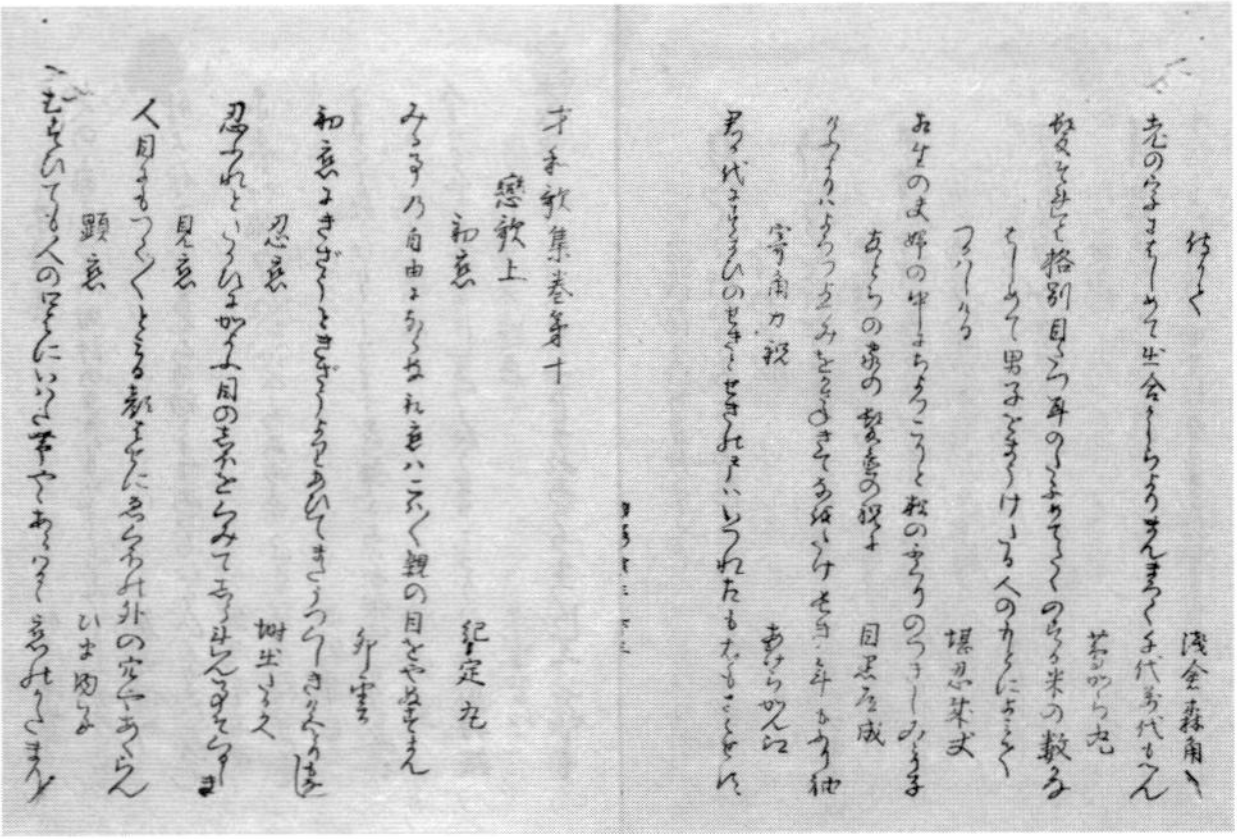

四方赤良（大田南畝）編『狂歌才蔵集』天明７年（1787）　江戸東京博物館所蔵　出典：国書データベース（https://doi.org/10.20730/100414380）

らぬ眼鏡のゑらみにして」とあって、蔦重が狂歌撰者であることを述べている。撰者も務める狂歌本の版元ということになり、この世界での役割を強く印象付ける挙ではある。冒頭尻焼猿《しりやけのさる》人《んど》（酒井抱一）・宿屋飯盛・頭光《つむりのひかる》の歌、また巻中所々に狂歌界の重鎮の歌を配するものの、それ以外は、歌麿絵本に狂歌を載せてみたい者を蔦重が募ったものなのであろう。

翌天明八年（一七八八）に出版した『画本虫撰《えほんむしえらみ》』は、歌麿の画筆の冴えもさることながら、彫板・摺刷・仕立て

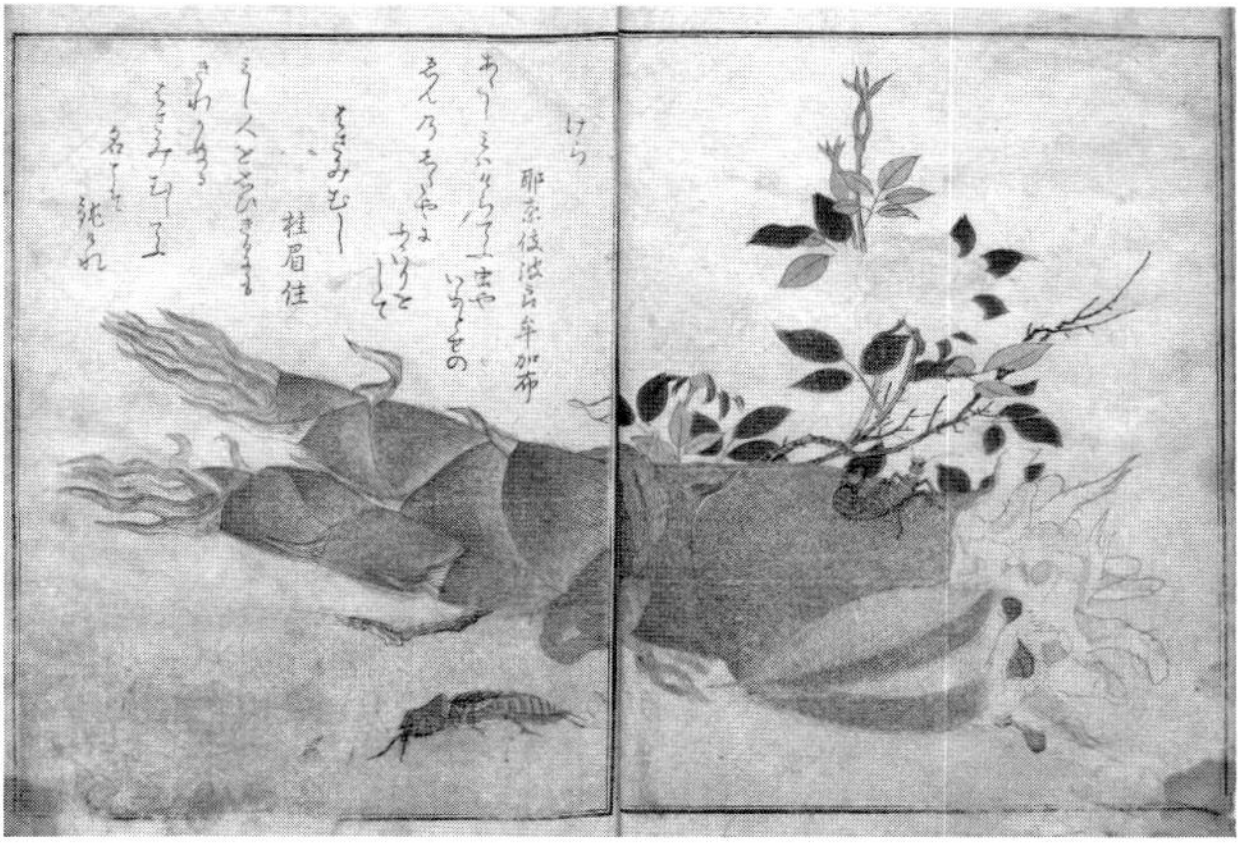

宿屋飯盛撰、喜多川歌麿画『画本虫撰』天明８年（1788）　メトロポリタン美術館蔵　https://www.metmuseum.org/art/collection/search/57570

にとことんこだわった極めて美麗で豪華な絵本として有名である。巻末、鳥之部・獣之部・魚之部の続刊予告があり、自詠掲載希望の方はこの題で恋の狂歌を版元へ届けてくれとの一文が備わる。絵本という器を企画として示し、入銀による入集を促しているわけである。尻焼猿人歌を筆頭に南畝等当時の狂歌界の重鎮の狂歌を揃えて編纂された『画本虫撰』は、この手の絵本に金銭を投じて名を広めたいと思う人間の食指を動かすに足る広告効果を十分に発揮している。

田沼意次の失脚と松平定信の登場

わが国の歴史教育を受けた人びとの間で田沼意次の評判はよろしくない。賄賂などの不正がはびこる世の中とした張本人というレッテルを貼られている。近年の歴史学では、そのような伝統的人物理解から脱する成果も少なからず出てきているが、学校教育においてはまだまだ悪者という位置付けであろう。

まず、歴史の編み方が政治史中心にストーリーを組み上げているところに問題があろう。当時の空気を吸っていた大方の人びとの感覚とは大いにずれがあると思われるのである。また、田沼評価のための資料が後代の記録に依りすぎているようにも思われる。歴史は勝者によって作られる。前の体制を正確に評価するのではなく、現体制が前体制の難を克服していかに優れているかを示すために、前体制を批判する材料を提示するのは古今東西の歴史が繰り返してきたところである。

宝暦十年（一七六〇）五月、九代将軍家重が退き、十代家治が将軍となる。以後意次の出世はめざましく、明和四年（一七六七）に側用人、明和九／安永元年（一七七二）に老中兼務となる。この安永期は、都市部を中心に、とくに江戸では高揚した空気に包まれていた。宝暦末から始まる意次の経済的施策は、利を得る町人の増加を将来した。町に回り始めた経済は文化の底上げをもたらす。たとえば料理茶屋が優れた料理を提供する。それが評判になり町の誇りとなっていく。もともと武家の贈答儀礼の中で重用されてきた上菓子屋はますます需要と水準を高めていった。

江戸湾や隅田川が提供する食材を生かす工夫は、天ぷらやうなぎの蒲焼きなど庶民的で豊かな食文化を生み出す。また駄菓子の楽しみも日常を満たすものとなっていって、食文化は底上げされていく。

後の松平定信が重きを置いた施策に照らして浮かび上がるのが、この田沼の時代、幕臣たちがいかに放任されていたかである。諸藩の武士たちにしても、その江戸の空気の中になずんでいた。そして、文化的に上位にあった武士階級の知性を、余裕のできた町は積極的に迎え入れていった。暇を持て余した武士たちも、喜んで迎えてくれる町の中に繰り出していき、趣味の世界で町の人びとと交歓していった。

たとえば、錦絵の誕生は単に印刷様式の変革を意味するだけではない。春信がここで登場したように、大小制作に関わった旗本たちの知的な趣味によって画風も一変したのである。新たな様式とともに新たな画風を江戸の人びとは喜んで迎え入れていった。戯作や狂歌といった文芸も同様である。武家が始めた新たな知的遊戯に町の人びとも参加し、大きな流行となっていったのである。

日に日に繁華の度を強めていく感のある江戸の中で、武士も町人も、さまざまな文化を享楽していった。そんな田沼時代であったが、その政権末期は逆風の連続であった。天明三年四月に始まった浅間山の噴火は徐々に規模を増し、七月の大規模噴火に至るまで、発生する火砕流、それによってせき止められた河川が決壊すると洪水をもたらした。また降灰によって上州をはじめとする関東一円に壊滅的な被害をもたらした。田畑の荒廃、また日照不足によって飢饉が続いていく。飢饉は多くの流民を生み、都市は彼ら貧民層を抱え込まざるをえない。町の空気が変わり始める。そして銭相場の下落や米価の高騰は彼らの生活を直撃し打ちこわしが起こるのである。

天明四年三月、田沼意知が江戸城にて佐野善左衛門《さのぜんざえもん》に斬り付けられ、翌月早々死去する。佐野の私怨によるものとされるが、下僚から成り上がった意次の権勢、政策を快く思わない譜代大名の意を汲んでの挙とも取り沙汰された。意次は後継を失う。天明六年七月、浅間山噴火による土砂の河床堆積が大洪水を引き起こし、印旛沼干拓事業が頓挫する。同六年八月、将軍家治死去、田沼意次は老中職を解任され、十月に隠居を命ぜられる。

そして天明七年六月、白河藩主松平定信が老中首座に就任し、田沼派の掃討が始まる。すでに小普請組に落とされていた土山宗次郎は同七年十二月、越後買米一件で死罪となるのである。

武家社会の空気

『よしの冊子《そうし》』は、松平定信の老中首座時代、側近の水野為長《みずのためなが》が定信の施政の参考に供すべく、江戸市中また江戸城内に流れていた噂や風聞を細大漏らさず書き留めた稀有な記録である。記録されているのは噂や風聞にすぎない。しかし、噂や風聞こそ当時の人びとの思考や行動を決定する大きな要素であり、時代の空気をもっともよく伝えてくれるものである。

政権を掌握した定信が優先して行った施策は、幕臣たちの引き締め、その教育改革であった。学問もせず遊惰に流れて使いものにならないと彼の目に映ったのである。たしかに実際そうでもあったようである。『よしの冊子』には幕臣たちの学問水準の低さを物語る話柄に事欠かない。

たとえば、寛政元年（一七八九）九月から十一月にかけての記録に、無学の者も、定信の老中着任後は、質素・倹約・齟齬《そご》・不正棄等の文字を覚えて悦んでいるという不勉強な幕臣を皮肉る笑い話がある。老中になった定信がまず呆れたのは、幕臣たちの学問レベルの低さであった。寛政改革と呼ばれることになる施策の中心になるのは、幕臣たちの教育に関わることである。いかに彼らの学問レベルを引き上げ、有能な人材を確保していくかというのが優先的課題であった。

天明七年六月から十月頃の話として、最近書物を読む者が多くなった中で、『韓《かん》非子《びし》』などが流行り、会読（勉強会）が開かれるようになったこと、まったく文字も読めない幕臣がこの会読を始めたことを報じ、他にも「右様《かよう》之馬鹿者彼是御座候よし」と結ぶ。学問をしなくてはならない空気、書物を読まなくてはならない空気が幕臣たちの間に流れていたことがうかがえる。ただ、『韓非子』は、四書五経もろくに読めていない者が手を出すべき書物ではなく、何から始めるべきかもわかっていない幕臣がいるという笑えない笑い話である。

天明七年十一月から翌八年二月頃の記事に、「此節《このせつ》武げい流行に付き、今迄何之音さたもなき所に俄に稽古場抔《など》出来、ばた〳〵と騒ぎ申し候由。学文抔も其の通り、大名衆の窓にて大分素読之声が致し候由。めつたに文武共教へちらかし申候よしのサタ」とある。「文武」は幕臣に対してのかけ声であったが、幕府がその方針なら、うちの藩でもやる姿勢を見せなくてはと横に並び始める。外に聞こえるようにとことさらの素読である。「教へちらかし」という表現が秀逸。

また、民間に目を転ずると、文武のかけ声にともなって、武具屋はにわかに繁昌するものの、武家社会における儀礼、贈答文化に寄食していた上菓子屋や酒屋が不景気をかこつようになったという話題も見える。人目につくような遊びを控えるようになり、吉原や芝居町が寂しくなったという噂も聞こえてくる。

話題の人である南畝についての噂も少なくない。「世の中に蚊ほどうるさきものはなし　ぶんぶといふて夜も寝られず」の落首が南畝作であるという噂も流れる。また『よしの冊子』に載る天明七年十一月から翌八年二月の記事には、南畝など狂歌連があちこちで会などをしたり、奉納物や芝居の幕などを狂歌連から遣わしたりしていて、これについては南畝の人気が格別に高かったからであったが、このご時節ゆえ、そのようなこともできなくなり、南畝などは腹を立てているという噂が載る。このような空気の中では狂歌の遊びも自粛せざるをえない。

南畝の退陣と狂歌熱のゆくえ

『よしの冊子』には大田南畝に関わるこのような噂話も多数収められている。狂歌の流行とともに南畝は時代の寵児として、武家社会でも町でも注目の的だったのである。土山宗次郎に可愛がられていたということも大きく去就の判断に作用したことであろう。噂は最強のメディアである。実際どうであったかということよりも、一人歩きしていく噂、その矛先の方向が行動を左右することになる。世の注目を集

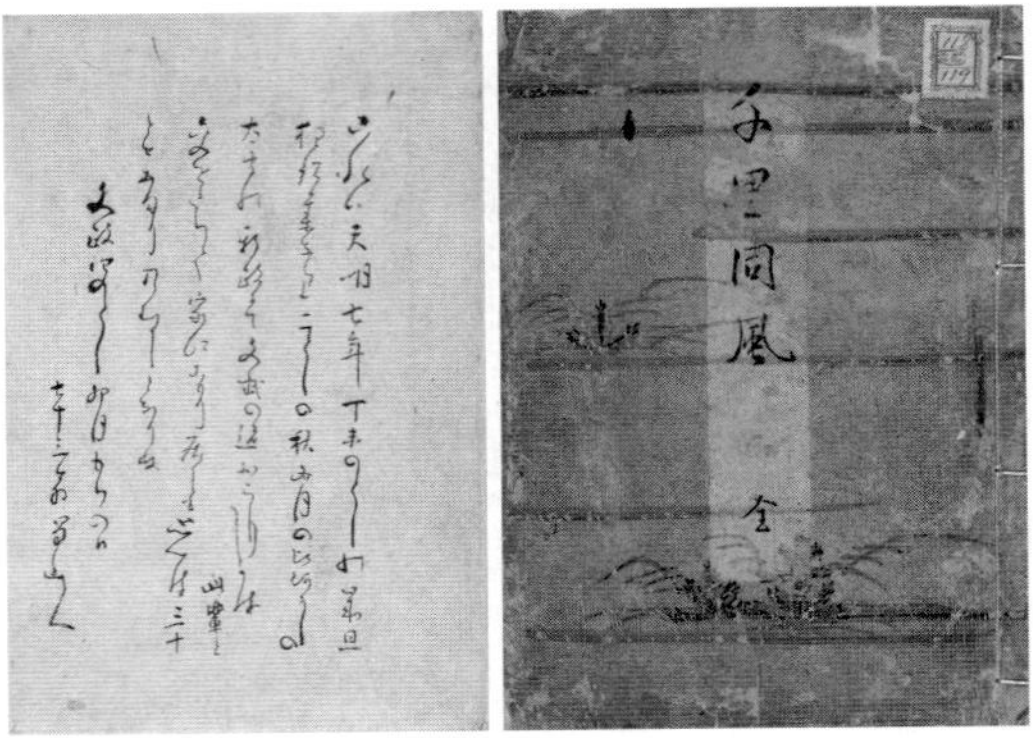

大田南畝作『千里同風』天明７年（1787）　国立国会図書館蔵

める派手な振る舞いは自粛せざるをえない空気の中で、狂歌の世界から彼は遠ざかる。天明七年の四方側歳旦集『千里同風《せんりどうふう》』国会図書館蔵本に「ことしの秋文月の頃、何がしの太守の新政にて文武の道おこりしかば、この輩と交をたちて家にこもり居しも」とある文政四年（一八二一）時の南畝書き入れは有名である。

事は南畝一人に限らない。幕臣たちは一斉に人目につく振る舞いを自粛し、勉強、もしくは勉強しているふりに励むことになる。そのぴりついた空気は諸藩にもすぐ流れていく。政策としては幕臣のみを対象にしていたものであるが、幕府の意を忖度《そんたく》して、各藩も同様の「改革」を行ったり、もしくは空気に適う振る舞いを藩士たちに陰に陽に要請していったりすることになる。

狂歌や戯作など、武家主導で町人たちを含み込んで大きな「運動」となった会的な遊びは終焉を迎えていく。

先に触れた蔦重の狂歌絵本出版は、この空気の中で案じられたものである。派手で美麗で、一見当時の文化の枠のような印象を与える出版物であるが、むしろそれをことさら装うべく企図されたものなのである。

江戸の武士たちにその意欲が失われても、狂歌流行の勢いは止まらず、江戸以外の地にも広がっていくことになる。宿屋飯盛・鹿都部真顔・頭光・大屋裏住といった狂歌四天王と称されることになる町人を中心として、各連の活動はますます盛んで、江戸以外の地方の狂歌師も取り込んでいくことになる。

蔦重の狂歌商売も、この世界に名利を求めて遅れて参加してきた者たちが恰好の対象となる。奇々羅金鶏などその典型である。上州七日市藩の藩医であったが、このころ江戸に出てきて、南畝をはじめとする諸名家に接近していく。弘化二年（一八四五）九月十三日付の小津桂窓《おづけいそう》宛書簡に曲亭馬琴は「右ききら金鶏は、天明中、四方山人の社中にて、狂歌は下手なれども当時多く銭を使候故に、名を粗人に知られ候者候」と記している。金に糸目を付けず名利を貪る輩にとって、蔦重版は上々の舞台であったろう。そして蔦重は彼らにその舞台をどんどん提供していく。

「寝語軒訪問《しんごけんほうもん》」と題された歌麿画の二枚続は蔦重版で天明末年ころのものかと思われる。寝語軒美隣の、にほの浦の草庵を、奇々羅金鶏が訪問する様子を描き、二人の狂歌が載る。この二人はこのころから寛政中ごろまでの蔦重版の常連である。歌麿画の狂歌入問判風俗図などのように錦絵の賛として狂歌を載せたり、狂歌絵本に多数の狂歌を載せたりしている。

山東京伝ほか作『嗚呼奇々羅金鶏』天明９年（1789）　国立国会図書館デジタルコレクション（https://dl.ndl.go.jp/pid/9892641）

天明九年（一七八九、寛政元）正月の蔦重版袋入黄表紙に京伝作、歌麿画『嗚呼奇々羅金鶏《ああききらきんけい》』がある。表題通り、金鶏が入銀して自分を主人公にして仕立てさせたものと思われる。この黄表紙にも寝語軒美隣が出てくるが、ともに登場するのが酒楽斎瀧麿である。

前年天明八年の袋入黄表紙に、北尾政美画、京伝作〔吉野屋酒楽〕（仮題）がある。これも『嗚呼奇々羅金鶏』同様の入銀本で、駿河二丁町の茶屋吉野屋吉兵衛、狂名酒楽斎瀧麿が自分を主人公にした黄表紙を蔦重に誂えさせたものである。そこに「江戸ほどもの、早く弘《ひろ》まる所はなく、水茶屋《ちや》、楊枝屋《やうじや》にても、少《すこ》し評判《ひやうばん》すると、直《ぢき》に錦絵《にしきゑ》に出す事ゆへ、酒楽《らく》が姿《すがた》を一枚絵、団扇なぞにして売出し、髪結所《かみゆいどこ》の障子《しやうじ》にも（山形に吉此印をつけるほどに名高くなりければ、酒楽《らく》いよ〳〵高漫《まん》に募《つの》り、江戸の通を足下に見下《くだ》す」という書き入れが見られる。すでに錦絵が「評判」を形成するメディアであることは前提、黄表紙も同様である。この場面はことさらそのことについての皮肉を自虐風の笑いに仕立てたものである。

〔吉野屋酒楽〕に出てくる瀧麿の姿絵ではないが、瀧麿夫婦の道中を描いた「三保の松原道中」と呼ばれている歌麿画の二枚続がある。これもおそらくは同年の出版である。これには赤良・光・飯盛の狂歌賛を配している。当然瀧麿の入銀による制作であると思われるが、この三人への祝儀もけっこうはずんだものなのであろう。

翌寛政二年（一七九〇）正月、歌麿画『駿河舞《するがのまい》』『吾妻遊《あずまあそび》』の二点の狂歌絵本を蔦重は出版する。天明六年刊の江戸名所の狂歌絵本と同想の企画である。どちらも

奇々羅金鶏撰、喜多川歌麿画『駿河舞』寛政２年（1790）　国立国会図書館デジタルコレクション（https://dl.ndl.go.jp/pid/2550952）

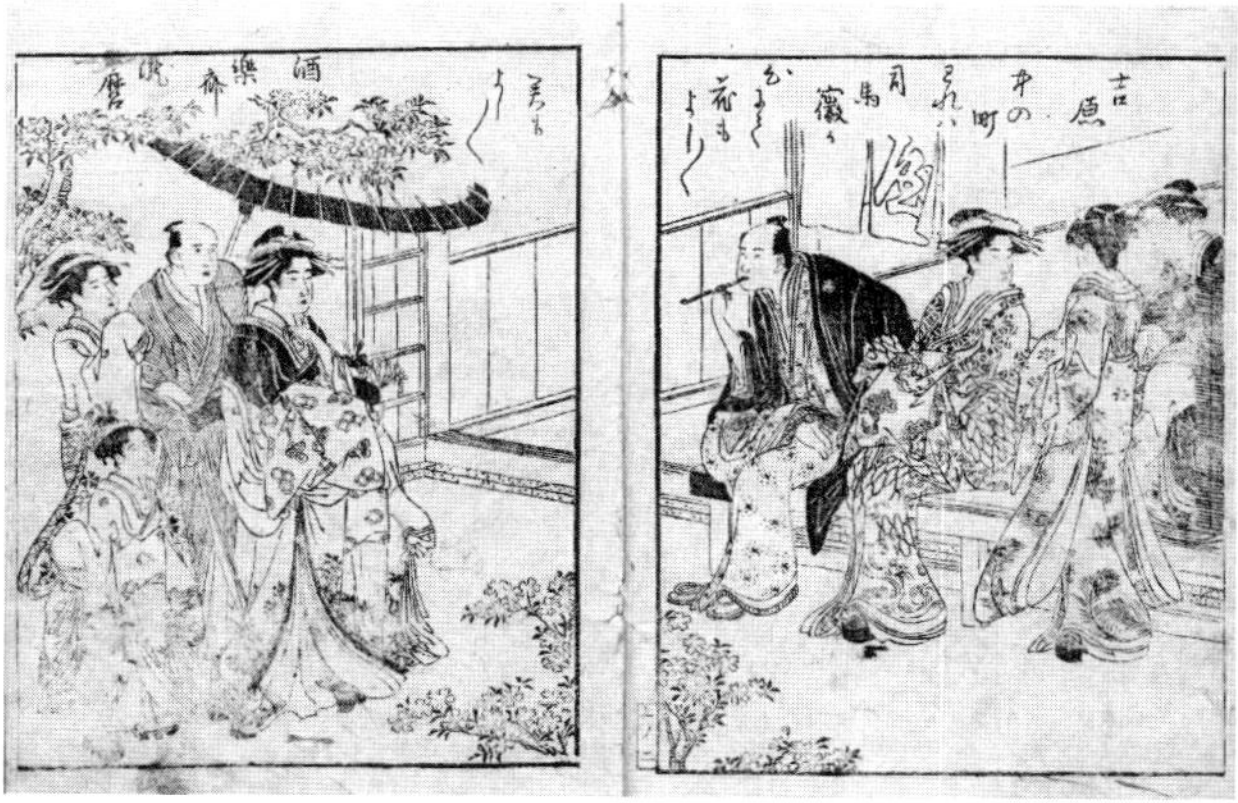

奇々羅金鶏撰、喜多川歌麿画『吾妻遊』寛政２年（1790）　メトロポリタン美術館蔵

撰者は奇々羅金鶏で彼の序文を備える。両書とも巻頭には瀧麿歌を据える。そして前者には美隣歌が九首（金鶏一首）、後者は金鶏歌九首（美隣一首）を載せている。この三人の出資で制作資金のかなりの部分をまかなった企画であることが歴然としている。

このように、注文に応じて摺物や冊子を仕立てる摺物所としての営業を蔦重は展開していく。歌麿は、時代の、また注文主の嗜好に適った絵を提供する優れた絵師としてその摺物所で活躍していたのである。

歌麿画の豪華な狂歌絵本はこの時代の、また蔦重版の名物である。寛政元年刊の『潮干《しおひ》のつと』や『狂月坊《きようげつぼう》』、寛政二年刊の『普賢像《ふげんぞう》』、寛政三年刊の『百千鳥《ももちどり》』といった書名が挙げられるであろう。いずれも彫板・摺刷にとことんこだわった豪華な彩色摺の挿絵が入るものである。『百千鳥』は『画本虫撰』の広告に「鳥之部」とあったものが実現した形で、広告に反応した者の入銀で実現したのである。一番多く出資したのは、序文筆者でもある撰者金鶏であるはずである。

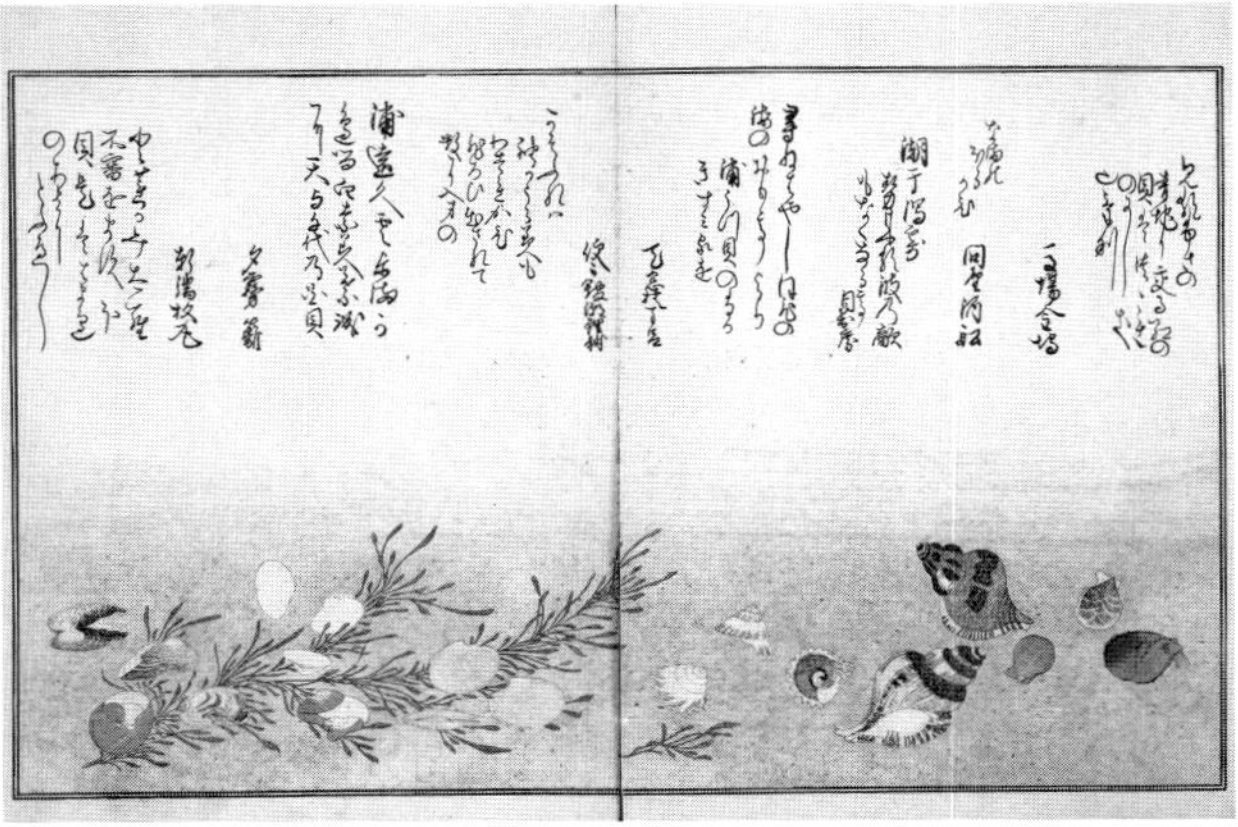

朱楽菅江編、喜多川歌麿画『潮干のつと』寛政初め頃刊　国立国会図書館デジタルコレクション（https://dl.ndl.go.jp/pid/1288344）

紀定丸撰、喜多川歌麿画『狂月坊』寛政元年（1789）　国立国会図書館デジタルコレクション（https://dl.ndl.go.jp/pid/1288383）

歌麿も含めて多数の絵師による豪華な彩色摺の挿絵のある狂歌本も、蔦重は手掛けている。寛政元年『銙訶夷《わかえびす》』、寛政六年『春の色』などの歳旦集である。蔦重版の豪華な歳旦集への入集は、それなりの出資を要したものであろうが、自詠をそこに載せることを大きな楽しみとする人びとにとっては上々の道楽であったと思われる。

喜三二と春町の黄表紙

天明八年に蔦重から出した喜三二の黄表紙『文武二道万石通《ぶんぶにどうまんごくどおし》』は、改革下武家社会の内部事情をほのめかし、「文武」のかけ声の下で武士たちが右往左往する様子を滑稽に茶化した作である。一般に知られにくいような事柄をいち早く話題にするうがち、それも遠回しのクイズのように仕掛けて読者に読み解かせるのは、この当時の戯作が好んで用いた手法である。同年蔦重刊の春町作黄表紙『悦贔屓蝦夷《よろこんぶひいきのえぞ》押領《おし》』も同様で、これは意次政権による蝦夷地開拓一件を当て込んだものとなっている。この間の政変劇、また定信の新政がもたらした混乱は恰好の茶化しのネタと

朋誠堂喜三二作『文武二道万石通』天明８年（1788）　国立国会図書館デジタルコレクション（https://dl.ndl.go.jp/pid/9892612）

なったのである。『文武二道万石通』も、あくまで茶化してあり、よく言われるような定信による改革への風刺というものではない。

馬琴による『近世物之本江戸作者部類』は、『文武二道万石通』について、古今未曽有の大流行で、早春から袋入りにして草双紙売りが市中を売り歩いたこと、草双紙始まって以来これほど売れた作品はないことを伝えている。この作品に、版木に手を入れた改刻版があり、初印本を含めて三種類あることは、これまでの研究で指摘されている。登場させた畠山重忠の梅鉢紋など松平定信を連想させる絵の要素や田沼意知刃傷一件を当て込んだ書き入れなどを削除しているのである。本作があまりの評判だったために、際立つ部分を和らげて、余計な詮索を避けようとしたものであろう。なお『よしの冊子』に本作に関わる噂は収載されていない。しかし、本作の評判は、喜三二に黄表紙の作を自粛させるに十分だった。これが喜三二の最後の黄表紙作品となる。

この喜三二作品に応じて、春町は、天明九年に蔦重から『鸚鵡《おうむ》返《がえし》文武《ぶんぶの》二道《ふたみち》』を出す。これも大評判となり、二、三月頃まで江戸市中で売り歩かれたことを『近世物之本江戸作者部類』は伝えている。『よしの冊子』は、この正月ころのものとして、この作が春町の主君である駿河小島藩主信義の作であるという噂を載せている。春町は主君に及ぶ噂のたねを蒔《ま》いたことになる。

作者の詮索に向かうこの噂の増幅は、喜三二にまで及ぶことになる。この三月ころのものとして、佐竹侯が定信にこの作者の才は家老職には向かないと言われて、喜三二を国勝手に申しつけたという噂が『よしの冊子』に載せられている。さらに

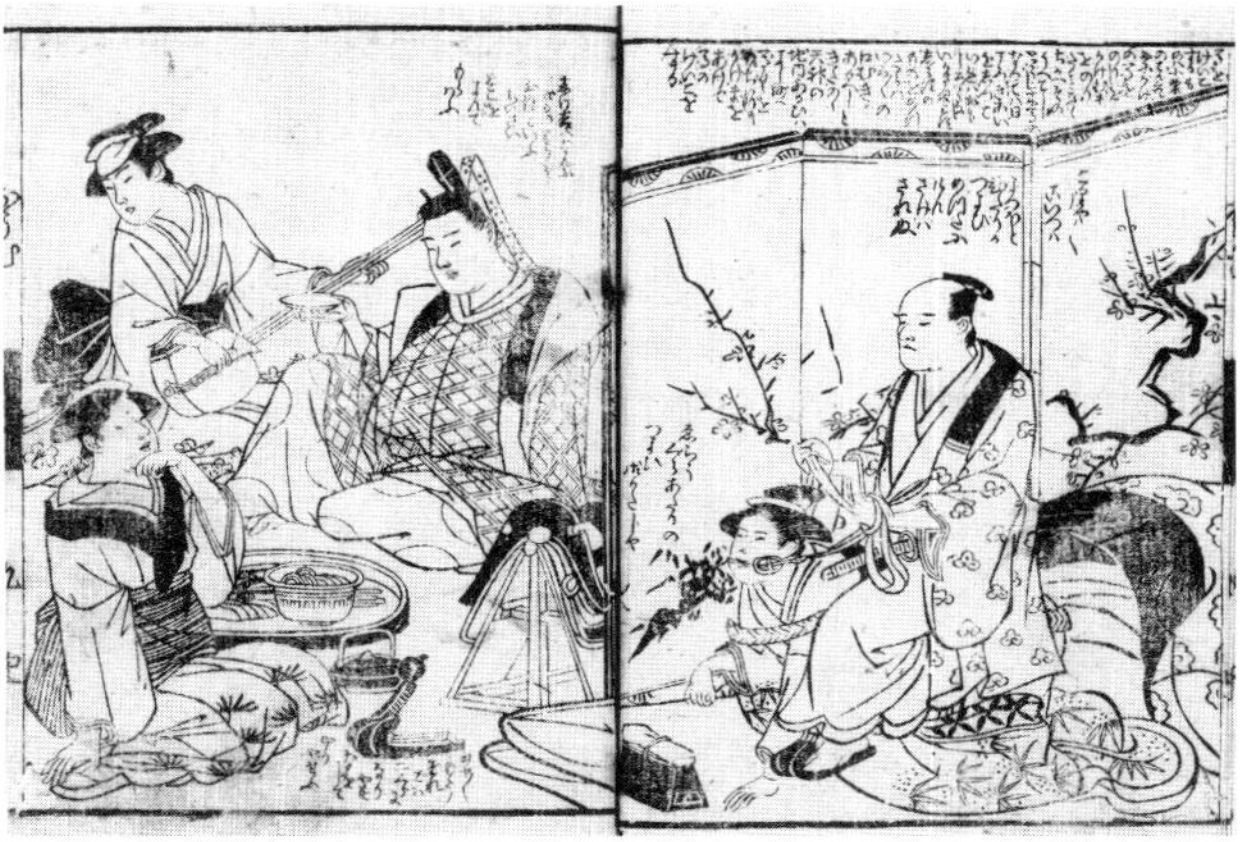

寿亭春町作、北尾政美画『鸚鵡返文武二道』天明９年（1789）　東京都中央立図書館加賀文庫蔵

「浮世絵を書候小笠原の留守居」、つまり春町も主君の咎《とが》めを受けたという噂も載せている。このご時世、二人が咎められても不思議はないという噂が飛び交うような空気に武家社会は包まれていたのである。

『近世物之本江戸作者部類』は、この黄表紙のことについて春町が定信の召喚を受けたものの、病気で応じないまま七月七日に没したと記している。他藩の留主居役を定信が直接召し出すということはすんなり飲み込めるものではなく、その裏付けも取れない。自殺説もあるが春町の死因は判然としない。ただ黄表紙作品のみならず彼の文芸的営みはここに絶え、この作が最後のものとなったことは確かである。

水準の高い戯作としての黄表紙の世界を切り開き、主導してきたこの二人を戯作の世界は失う。南畝の退陣に加えて、このことは武家が当世文芸に関与することを憚る自粛の空気を決定的なものにしていく。大方の武家が戯作や狂歌の世界から離れていくのである。それは、彼らの作の出版をもって店のブランドイメージを定着させてきた蔦重の営業にも大きな変革を迫るものでもあった。

第三章　新たな時代の到来

寛政という時代

倹約・不景気

十八世紀末の寛政という時代は世の中が大きく変わる歴史の転換点であった。それは、先に述べたような武家社会の変化をきっかけにして、民間の知のあり方がめざましく変容していったことが大きい。民間に学問志向の風が流れ、書籍の市場は新たに浮上した読者を含み込んで大きく広がっていく。読者層の多くを占めるようになった彼らの存在は文芸の傾向を大きく変化させていく。蔦重の商売も、その変化に対応していくことになる。

幕臣に向けられた倹約のかけ声は、幕臣のみならず江戸の武家社会全体を侵食し始めて、贅沢自粛の空気に包まれる。それは「不要不急」の行楽や遊びが憚られる空気でもある。江戸の人口の大きな割合を占める非生産者である武士たちの消費の落ち込みは、この都市の経済に大きな影を落とすことになる。田沼の時代のようには、お金が町に回らなくなるのである。

奢侈が売り物の場所や施設が真っ先に痛手を蒙る。芝居町と遊廓である。『よしの冊子』にもそのあたりの噂は多く記されている。天明七年六月から十月ころの記事に、諸組与力やお旗本へも頭から武芸出精専務のことなので遊所等へ行くことを固く禁止する旨、また家に芸者を呼ぶことも無用という通達が発せられ、吉原・品川・新宿などもいたって寂しく、芝居見物も少なくなったという話が載る。留主居役などの会合を吉原で行うことも憚られるようになった。また、吉原にはそれなりに人は来るけれども八朔や月見の趣向も例年のようではなく、芸者もこっそり呼ぶようになったこと、芝居の上演はあるものの続き桟敷を買って贅沢に見物する客はいなくなり、金銀の落ち方も少なく、吉原も芝居町も困っているという噂も載る。

寛政元年九月、棄捐令《きえんれい》が発せられる。幕臣が扶持米を担保に札差（蔵宿）から借金を重ねていて、倹約のみでは打開できないほど彼らの経済状況が悪化していた。その状況を打開すべく案じられたもので、天明四年以前の借金は棒引き、それ以後のものについても金利を引き下げるというものであった。この法令によって札差が蒙った損失は莫大なものであった。吉原の経済は、札差や魚河岸連のような、突出した金持ちに支えられている部分が大きかった。札差の手許不如意は、吉原の不景気をさらに推し進めたものと思われる。『よしの冊子』寛政元年九月よりの記事には、蔵宿一件後は吉原がいたって寂しくなり、三日ほど一向客が無い日が続いたという風聞も載る。また、花扇などの名妓を抱える大店扇屋が株を売ったというデマも流れている。

扇屋墨河などの知友や血のつながった縁者が吉原に多数いるばかりではなく、吉原を本屋稼業の大きな支柱としていた蔦重にとっては頭の痛い状況であったと思われる。また、芝居町の不振も、富本節という劇場音楽の出版を手掛け、町芸者や素人の需要も高い稽古本を制作している身としては、成り行きに大きな不安を覚えたことであろう。『よしの冊子』は町方でも三味線まで弾かないようになったという噂を伝えているのである。

景気の冷え込みは遊廓や芝居町だけではなかった。世間一統銭回りが悪くなったと『よしの冊子』の寛政二年十一月よりの記事は伝える。草紙類は「不要不急」の品の最たるものであろう。

山東京伝人気

戯作の世界から武士たちが去り、加えて草紙商売の先行きに暗雲が漂い始める。その状況に蔦重も対応していくことになる。天明七年と八年、春町や喜三二、また唐来三和などの手練《てだれ》と伍して黄表紙や洒落本の世界で活躍したのは山東京伝であった。天明七年には、黄表紙『三筋緯客気植田《みすじだちきやくのきうえだ》』、洒落本『通言総籬《つうげんそうまがき》』『初衣抄《はついしょう》』の蔦重版がある。鶴屋喜右衛門（鶴喜）版に洒落本『古契三娼《こけいのさんしょう》』もある。翌天明八年の蔦重版では黄表紙『狂言末広栄《きょうげんすえひろのさかえ》』『時代世話二挺鼓《じだいせわにちょうつづみ》』、洒落本『吉原楊枝《よしはらようじ》』

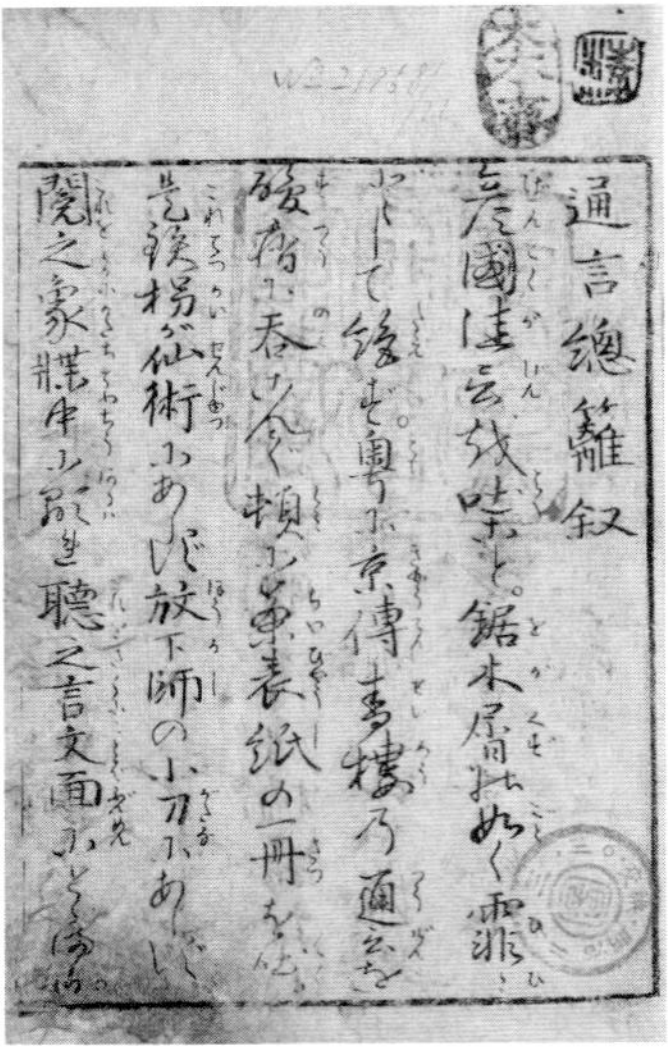

山東京伝作『通言総籬』天明７年（1787）
国立国会図書館デジタルコレクション
（https://dl.ndl.go.jp/pid/2533928）

『傾城觹《けいせいけい》』があり、鶴喜版黄表紙にも『復讐《かたきうち》後《あとの》祭祀《まつり》』などの快作がある。京伝の戯作の腕は冴え渡り、人気はうなぎ登りであった。

寛政期になっても、黄表紙の作画、洒落本の作は快調で、数々の傑作を生み出して押しも押されもせぬ人気作者となっていく。武士作者たちが退陣した穴を埋める以上の頼りになる存在となったのである。狂歌・戯作の世界を主導してきた南畝や春町、喜三二などの作品を手掛けて蔦重店は流行最先端の色合いをまとったが、それに代わるものとして山東京伝という作名が蔦重店の看板として浮上してきたという次第である。

馬琴が書いた山東京伝の伝記である『伊波伝毛乃記《いわでものき》』に、天明の末に京伝が、蔦屋重三郎と鶴屋喜右衛門等とともに日光に参詣したことが記されている。この二軒の本屋が協同しての京伝の囲い込みが始まっていくのである。弟京山の手に成るものとされる『山東京伝一代記』には、後述する寛政三年刊洒落本三部によって咎めを受けた際に作成された町奉行からの伺書が引用されていて、そこに、五、六年前、つまり天明期から原稿料を版元より受け取るようになっていたことが記されている。そもそも蔦重・鶴喜からしか京伝は黄表紙を出版していなかったが、天明七年から榎本吉兵衛や西宮新六が京伝作品を手掛け始め、寛政元年からは大和田安右衛門がこれに参入するようになる。そして、これも後述することになるが、その大和田から寛政二年に出した『心学早染草《しんがくはやそめぐさ》』が空前の大当たりとなるのである。西宮は青本時代から草双紙の出版を行っているが、榎本は天明六年から、大和田にいたっては寛政元年からの参入である。彼ら新規の版元が京伝作品を手掛けるにあたって、それなりの原稿料を京伝に渡したことは容易に推測できる。日光旅行はそのような状況への対応であったろう。

寛政三年以後、京伝は蔦重・鶴喜以外の版元から黄表紙を出さなくなる。大和田等が出す原稿料の魅力を上回るものを、もちろん原稿料の額も含めてであるが、二軒の地本問屋は京伝に提供していったと思われるのである。山東京伝が煙草入店を開店するに際して、その資金調達のために寛政四年五月、両国柳橋万八楼で書画会が行われたが、この二軒の地本問屋は酒食の提供を行ったりしている（『伊波伝毛乃記』）。

地本問屋仲間と板木屋仲間

寛政二年十一月十九日に発せられた町触がある。それは次のような内容のものであった。書物については以前より厳しく仲間内にての改めを行うように申し渡してきたが、いつのまにかそれが乱れてきているので、今回、書物屋どもと一枚絵草双紙問屋（地本問屋）どもに改めをしっかりするように申し渡すこと。また、これまで行事を立てずにきた地本問屋については、今後二名ずつ行事を定めること。そして、貸本屋・世利本屋など類似の商売を行う者もいるので、書物屋どもと地本問屋どもは、触書の趣を心得、新版に際しては行事による改めを受けた上で売買すること、というものであった。

これが松平定信による思想・言論統制の一環で、それが書物類だけではなく、地本類にまで及んだことを示す事例とする見解があるが、そもそも「言論」概念は近代のものであり、この時代の受け止め方とは大きな隔たりがあると思われる。書物についての文言は、享保以来行われてきたことの踏襲にすぎない。この町触の主眼は、明らかに地本問屋仲間を機能させて地本出版における責任体制の徹底を図ることにあった。

この町触に先立ち、十月二十七日、地本問屋に対しての仲間触が出されたようで、『類集撰要』巻四十六にその内容が載っている。翌月の町触とほぼ同様なのであるが、異なるところは、風俗のためにならない猥《みだ》りがわしき出版物が出ることを未然に防ぐという意義をうたっているところである。つまり、書物に関する内容といっしょになっているので混乱してしまうが、地本類については言論レベルではなく風俗レベルの規制なのである。

これには地本問屋二十軒が連署している。後述する板木屋仲間文書にも二十軒という数字が見られ、仲間の構成員を二十に限ることがこの時点で決定されたことがわかる。これは仲間構成員の利権が公認されたことにひとしい。この軒数が上意下達式に決められたはずはなく、ここにこぎ着けるまでに町年寄等の町役人と地本問屋の主立った者との間で協議が行われていたものと考えるのが自然であろう。草紙商売が低調であるこの時期、この利権の確保は問屋存続に大きな経済的力となるものであるはずである。

享保七年（一七二二）の町触は三都共通に出されたもので、これが以後、書物の出版・流通に関わる基本的な法となった。ここで出版に関わるガイドラインが明確化された。この触の発出は出版を抑制したのではなく、安心して出版事業が行える根拠を与える意味を持つ。書物問屋にとっては、板株（版権）の侵害は死活問題だったので、その防止のために公権力の後ろ盾が必要であった。幕府にとってみれば、仲間内による事前のチェックで、問題のある出版物が世に出ることを未然に防ぎたかったわけである。この触書発出に相前後して、三都の書物問屋仲間が公認される。書物問屋にとって仲間の最大の役割は、板株（版権）管理とその侵害を監視することであった。その仲間の機能を公的に認める意味をこの触書は持ったのである。つまり書物問屋たちの意を十分に汲み取った上で出されたものと見て間違いない。

これとまったく同じではないが、この寛政二年の触を発出するにあたって、何らかのすり合わせが地本問屋との間でなされた可能性は高い。松平定信の命によるものではさらさらなく、町奉行の独断によるものでもないのである。

寛政二年十二月一日、板木屋仲間設立が認められる。御府内板木屋年行事「仲間新古記録帳」(『板木屋組合文書』収載)に板木屋仲間起立に関する文書が収められている。それによると、安永四年九月に板木屋たちは仲間設立の願書を出したものの、二、三度吟味を経た後はそのままうやむやになってしまっていたものらしい。それが、寛政二年、主立った板木屋六人による町奉行への直訴によって、ようやく認められたのである。この時点で、彼らがあわただしく、かつ強く訴え出たのは、地本問屋仲間の動きがあったからである。この文書によれば、蔦屋重三郎に招かれた板木師の中の有力者二名が蔦重から次のような話を持ちかけられる。すなわち、公儀から板木屋たちに発せられる法度の類をそれぞれ受けていては、仕事の差し支えにもなるだろうから、地本問屋仲間がそれを受けて、板木屋たちに申し伝えるようにする旨の願書を出そうと思うというのである。町年寄の奈良屋役所への蔦重の願書も写されていて、そこには、仲間はもちろん、仲間外の本屋からの注文も板木屋は受注するので、地本問屋仲間から板木屋たちに洩れなく法度の趣を伝え、いかがわしい品をけっして彫らせないようにしたいので、ここに願い出る旨のことが書かれている。

これをそのまま許してしまっては地本問屋仲間の支配を受けることになってしまうので、板木屋たちは急遽動いたわけである。つまり、地本問屋仲間の支配を受けることは板木屋たちにとって不利益なことであった。板木屋たちにとっての不利益は地本問屋の利益である。その本質的なところは、願書に書かれた「たてまえ」とは別のところにあったはずである。それはまず手間賃に関わることであったろう。文久二年（一八六二）、諸色高直を受けて京・大坂の職人たちは手間賃の値上げを訴えるが、その訴えた先は本屋仲間行事である。大坂も京都も、彫師・摺師・仕立の三職は、本屋仲間の支配の下にあり、手間賃もその統制を受けていたのである。もう一点は、おおっぴらにできない仕事に関わることであったろう。板木屋たちは、地本問屋や書物問屋から依頼された仕事だけを扱っていたのではない。素人からのもの、また読売のようなきわどい仕事なども多くあって、それらも含めて彼らの業は成り立っていた。仲間の支配を受けていてはそれを行うのに極めて窮屈なことになってしまう。また地本問屋が後ろ暗い出版をまったくやっていないかというとそうではなかろう。たとえば艶本の類などに彼らが関わっていないはずはなく、板木屋たちを支配下に抱き込むことで「仕事」はやりやすくなる。逆に公認されて独立した仲間となれば、彼らは公的秩序の遵守を役人たちから直接要請されることになるのである。

板木屋たちの直訴が功を奏して板木屋仲間は公認され、地本問屋仲間の思惑は実現することはなかった。しかし、板木屋たちに対する地本問屋たちの対応は、地本問屋仲間公認の直後で、これもじつに速やかである。まるで、ここまで見通した上での仲間公認への動きのように見えはしないであろうか。

この板木屋仲間の文書は貴重な情報を与えてくれる。板木屋たちへの相談を蔦重が行っており、町年寄への願書も蔦重名であることである。蔦重の独断ではなく、地本問屋仲間の総意による挙であったはずであり、十一月の行事が蔦重であったにすぎないことは確かである。しかし、地本問屋仲間発足時の月行事が蔦重であったということは、ここに至るまでの間で蔦重は業界において有力な存在となっていたという推測を助ける材料となる。仲間公認への準備や「仲間の総意」形成にも彼は大いに働いたのではなかろうか。

京伝作洒落本一件

寛政三年三月、京伝と蔦重、そして前年十二月の地本問屋月行事二名が町奉行初鹿野《はじかの》河内守に召し出される。この年正月蔦重が出版した京伝作洒落本『大磯風俗仕懸文庫《しかけぶんこ》』『青楼昼の世界錦之裏』『手管詰物娼妓絹籭《しょうぎきぬぶるい》』の三作についての吟味である。その結果、京伝は手鎖五十日、蔦重は身上半減の重過料、行事二人は商売取り上げの上、所払いを申しつけられる。

定信の改革政治の典型的事例として高校の日本史教科書にも取り上げられる有名な一件である。民間にも及ぶ厳しい思想統制・言論統制の一例という格である。しかし、表現は統制されるべきではなく自由であるべきだという感覚は現代のもので、この現代的通念から事態を評価してしまってはいないだろうか。定信の厳しい政治姿勢をことさら演出するために持ち出されてはいないだろうか。

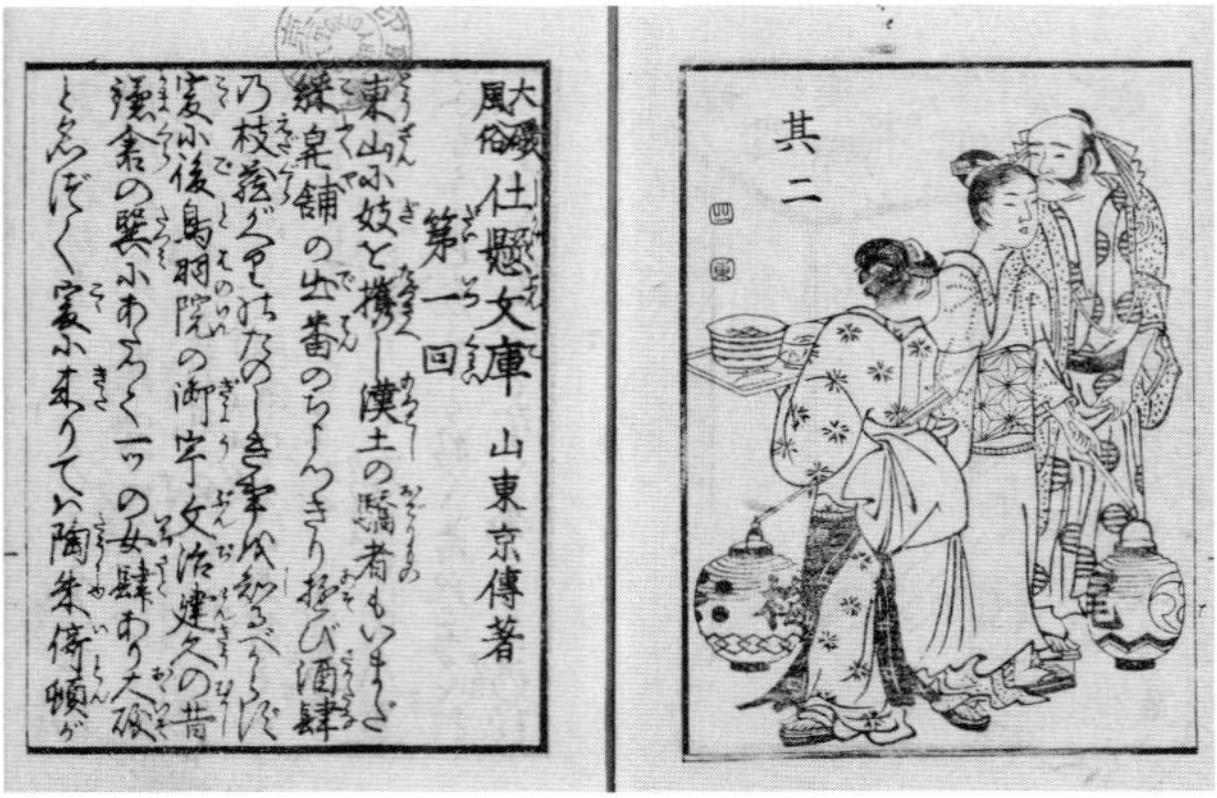

山東京伝作、画『大礒風俗仕懸文庫』寛政３年（1791） 国立国会図書館デジタルコレクション（https://dl.ndl.go.jp/pid/2533925）

山東京伝作『青楼昼の世界錦之裏』寛政３年（1791） 早稲田大学図書館蔵

京伝・蔦重・京伝父・仲間行事それぞれについて町奉行所が作成した調書の内容が『山東京伝一代記』に収められている。それによる限り、関係者の咎めは、制禁を侵して風俗のためによろしくないものを執筆、出版したこと、また改めが甘かったということである。調書は、『大磯風俗仕懸文庫』は鎌倉時代になぞらえて深川遊廓での遊興の様子を描いたもの、『青楼昼の世界錦之裏』『手管詰物娼妓絹籭』は、浄瑠璃の筋立てと登場人物によそえて吉原遊廓の様子を描いたものとして、この三作が「不埒の読本」であるとする。『山東京伝一代記』は、「教訓読本」と唱えて、昔の人名を借りて今の風俗を書きあらわした洒落本を、制禁を侵して出版したことが不埒であったとする。

しかし、これまでも同様の洒落本が多数出版されていて、版元蔦重にしても、改めの上許可を出した月行事にしても、この小冊三作が特段の問題をはらんでいるという認識は無かったはずである。「教訓読本」をうたったのも、教訓流行りの時世を踏まえた他愛ないシャレであろう。

内容に関する「不埒」の理由などいかようにも言い立てられるもので、この一件の本質的なところではない。吟味の対象になった者たちの調書に必ず長々と引用されているのが、前年十一月に出された町触の文言である。端的に言えば、この一件は、町触の実効性を確かなものにするために仕組まれたものである。『近世物之本江戸作者部類』は、この時処罰された行事二名は、裏屋住まいの者で、本の仕立てで生計を立てている弱い立場の者であり、蔦重の意向に逆らえなかったとする。『伊波伝毛乃記』は、行事二人にひそかに蔦重が合力金を渡したとしており、ありうる話かと思われる。とすれば、仲間内の改めは、その発足当初から実際緩く流れたものなのであろう。行事二名に厳しい処罰を科したのも、行事の責任、行事による改めの重さを周知するためであろうし、京伝と蔦重を対象としたのも、当時一番目立つ存在で、見せしめとしての効果が絶大であると踏んだからであろう。

もちろん、老中定信がこの一件についての指示を具体的に出したということは考えにくく、町年寄を筆頭にした町役人が、町の風俗引き締めの風に乗じて町奉行に働きかけたものと考えるのが自然であろう。その効果はそれなりにあったようで、翌寛政四年に洒落本の出版は確認できない。

蔦重店の資本力は半減した。吉原の出店も手放すことになる。順風満帆とはいかない経営を迫られることになる。

蔦重は「大腹中の男子なれば」咎めもさほどのことと思わない様子であったが、京伝は謹慎第一の人となったと『山東京伝一代記』は記している。また皮肉なことにこの一件の風聞が世上に広まり、京伝の名はいよいよ高くなり、田舎でも知らない者はいなくなったとも伝えている。「京伝の名」は、蔦重店の経営にとっていよいよ重みを増していくことになるのである。

浮世絵の出版

蔦重の浮世絵出版が本格化するのは寛政三年になってからであろう。地本問屋仲間の行事改めが済んだという証である極印《きわめいん》の無い浮世絵、すなわち、寛政二年十一月以前の浮世絵に比べて、それがある浮世絵の数が圧倒的に多く、密度が濃い。つまり出版の頻度が高いのである。

寛政二年以前の歌麿の絵のほとんどは蔦重版であるが数多いとはいえない。吉原俄の芸者連を描いた番付風美人絵や、狂歌連や狂歌師の注文に応じたものと思われる狂歌入りのものが多い。後者は錦絵様式の摺物ともいえそうなもので、蔦重の摺物所としての仕事であろう。他に鳥居清長の美人絵もあるが数少ない。その鳥居清長の美人絵や北尾政美の江戸名所の浮世絵も極印の無いものが確認できるがこれらも数少ない。

浮世絵出版の柱は芝居絵、役者絵であるが、蔦重版の芝居絵で寛政二年以前のものは確認できない。寛政三年になって、勝川春朗《しゅんろう》（後の北斎）や勝川春英《しゅんえい》の細判のものを出版するようになる。芝居絵出版は誰でも手を出せるものではなく一種の利権であり、地本問屋間でこれにあたる業者の調整が行われていたものなのであろう。つまり、蔦重は二十軒に限られた地本問屋仲間の一員となり、仲間内の有力者になって、参入の利権を得たということになるのではなかろうか。地本問屋仲間成立に際して彼が何かしら働いたことをうかがわせる一材料である。

葛飾北斎画「三代目坂田半五郎の旅の僧 実は鎮西八郎為朝」寛政３年（1791） 東京国立博物館蔵
出典：ColBase（https://colbase.nich.go.jp/）

浮世絵出版を本格化させていく中で、蔦重は、いかにも彼らしい戦略的な出版を行っていく。つまり、世間の注目を集めるような出版の仕方である。まず、寛政四年ころから、歌麿による大首絵の美人絵を集中して出版していく。美人絵に定評のあった鳥居清長が一枚絵に描かなくなった中で、この分野で清長に代わる名手としての歌麿の存在を強力に打ち出していくのである。そして、寛政五年(一七九三)には、他の版元も歌麿を使っているが、蔦重も難波屋おきた・高島おひさ・富本豊《とよ》雛《ひな》の、いわゆる寛政三美人を歌麿に描かせ、三美人ブームを一層煽っていく。

寛政六年(一七九四)、東洲斎写楽に描かせた役者絵は、役者絵出版に本格的に乗り込むに際して、蔦重が仕掛けたパフォーマンスであろう。これまでの画業をまったく確認できない画工を起用しての連作である。しかも、背景を黒雲英摺にした大首絵であるとともに、これまでの役者絵とはまったく異なる画風のものである。この大首絵の連作を終えた後の写楽の役者絵が従来の様式からさほど離れたものではなくなっているのに照らしても、いきなりぶつけた大首絵が、いかに異例のもので、いかに強い印象をあたえるべく仕掛けられたものであるかがわかる。これらが何枚売れたか、世に好評であったのかということについてはわからないが、それはこの挙の本質的なところではなかったのかもしれない。この版元が役者絵出版に本格的に乗り出していったことを江戸の人びとに強烈に印象付けることができたとしたら、それで蔦重はよしとするところであったのではなかろうか。

東洲斎写楽画「三代目大谷鬼次の奴江戸兵衛」寛政６年（1794）　東京国立博物館蔵　出典：ColBase（https://colbase.nich.go.jp/）

書籍市場の変化

蔦重の書物問屋加入と京伝黄表紙

蔦重が書物問屋仲間（中通組）に加入するのは、京伝作洒落本一件より前、寛政三年（一七九一）初め頃のことと思われる。この年の十月から十二月の間には月行事を任されていて、書物問屋仲間の中でも、すでに一目置かれる存在となっていたと思われる。

草紙商売の先行きが不透明な中、書物類の商売は逆に好調を極めるようになった。武家がみな勉強に精出すようになったからである。『よしの冊子』が書き留めた天明八年ころの噂として、去年より学問が流行して書物の値段が高騰し、『詩経集注』はどの書物屋も払底、『小学』類も急には用立てられない状況であるということが記されている。再販制度下の現代と違って、書籍には定価は無く、需要と供給との兼ね合いによって価格も変動するのである。

蔦重の書物問屋加入は、このような書物景気を踏まえてのものと理解できるだろうが、ただそれだけではなさそうである。

地本は、地産地消のもので、地本問屋は江戸外への流通網を保持していない。それに対して書物問屋は全国的な流通組織を持っている。もし地本問屋が他国に売り出したい出版物があった場合は、書物問屋仲間を通じて売弘めを願い出て、その地の売弘め許可を取らなければならない。

蔦重の書物問屋仲間加入の大きな動機は、この全国的な流通網に連なることにあったと思われるのである。寛政二年に大和田安右衛門が出版した京伝の黄表紙『心学早染草』は、人間の善の魂と悪の魂を擬人化した善玉・悪玉の争いをもって、そ

山東京伝作『悪魂後篇 人間一生胸算用』寛政３年（1791）　国立国会図書館デジタルコレクション（https://dl.ndl.go.jp/pid/9892713）

の時々の人間の心の動きを可視化する趣向のものであった。これが大当たりしたようで、真偽は確かめられないが『伊波伝毛乃記』は八千部売ったと伝える。この黄表紙の偽版が上方で出版されていることも明らかになっていて、需要が全国的なものであったことがわかる。

先に、蔦重と鶴喜が京伝作品の独占を図り、寛政三年以後、この二軒の版元からしか京伝の黄表紙が発行されなくなることを述べた。寛政三年には、『心学早染草』の続編として、京伝作

『悪魂後篇人間一生胸算用《にんげんいっしょうむなざんよう》』を蔦重は出版する。是非とも、善玉・悪玉ものの黄表紙を手掛けたかったものと思われる。

このご時世、教訓的な黄表紙が受けるであろうとの目算は、すでに蔦重にあったはずである。寛政二年に蔦重が出版した黄表紙『即席耳学問《そくせきみみがくもん》』『忠孝遊《ちゅうこうあそび》仕事《しごと》』は市場《いちば》通笑《つうしょう》の作である。前者には作者の序文が付けられていて、そこに、作を二、三年休んでいたところ、教訓・意見のうっとうしいのも承知の上でということで蔦重から作の依頼があったことを記している。教訓の通笑の異名を取っていた彼は、機知と笑いに富んだ黄表紙がもてはやされていた天明期、需要に乏しく作の依頼が来なかったものなのであろう。それが、これまで一切関係性の無かった蔦重から直々の依頼である。わかりやすい教訓を

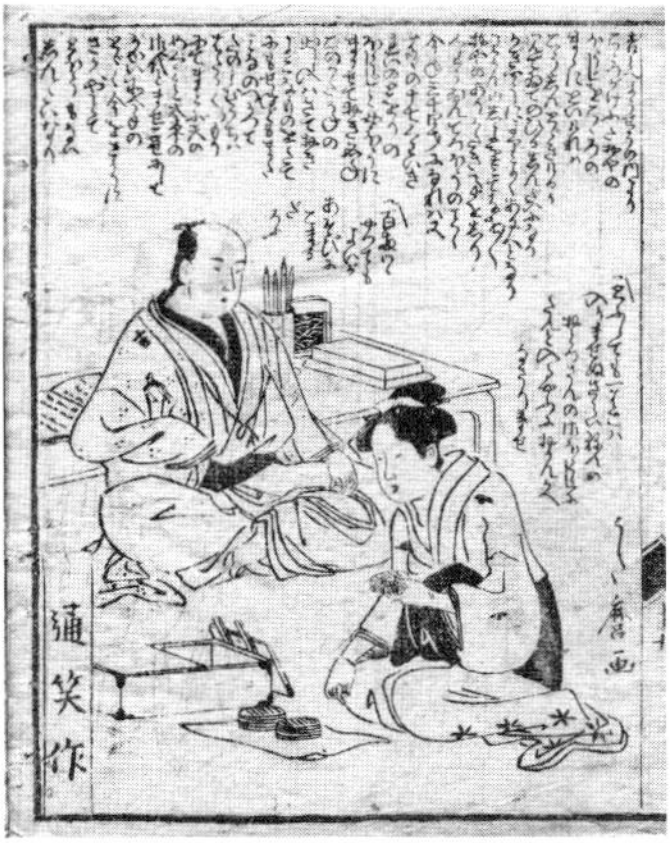

市場通笑作『忠孝遊仕事』寛政２年（1790）　国立国会図書館デジタルコレクション（https://dl.ndl.go.jp/pid/9892689）

欲する層の存在を蔦重は嗅ぎ取ったにちがいない。教訓臭ぷんぷんで有名な通笑の黄表紙をこれまたわかりやすく投じてみたのであろう。一方、同年の『心学早染草』は、心学流行に取材した心学流にわかりやすい教訓を、滑稽の趣向のうちに消化した京伝らしい手並みの一作で、先述したように大いに売れた。あくまで時流の茶化しを主眼として作ったものであって、教訓をテーマとした作意ではなかったが、やはり人気絶頂の京伝に教訓的な黄表紙を書かせるのがもっとも効果的である、と蔦重が考えるのは自然である。以後通笑の作を蔦重は手掛けることはなく、京伝作品を黄表紙出版の柱に据えていく。

翌寛政三年の蔦重版黄表紙四点は『人間一生胸算用』を含めてすべて京伝作品である。その中に『箱入《はこいり》娘《むすめ》面《めん》屋《や》人魚《にんぎょう》』の作がある。序文は「まじめなる口上」と題した版元蔦重の口上で、彼の画像が描かれている。そこで、京伝が昨年世間に悪しき評議を受けたことを恥じて今後戯作をやめると言ってきたことを伝えている。黄表紙『黒白《こくびゃく》水鏡《みずかがみ》』の画工を務めたことで詮議を受けたとする説があるが、そのことを証する資料は無い。具体的に何のことを言っているかわからないが、いずれにしてもいやな噂が流れたのであろう。そのような京伝に対して、執筆してくれないと店が衰微してしまうから是非書いてくれと蔦重は説得し、京伝作の洒落本と黄表紙を今年も出版したのでご購求を願うという内容の口上である。

蔦重の意を受けての京伝の作文かもしれないが、京伝を頼みにしている蔦重店の現状を語りながら、京伝作をしっかり手掛けていくという蔦重店の広告となっている。この年出した洒落本は、先に触れた一件の三作である。これらには巻末に蔵版目録「晒落本類目録江戸通油町耕書堂蔦屋重三郎板」二丁の付載があり、京伝作品が特記されている。『人間一生胸算用』等本年刊行の黄表紙にも、「山東京伝

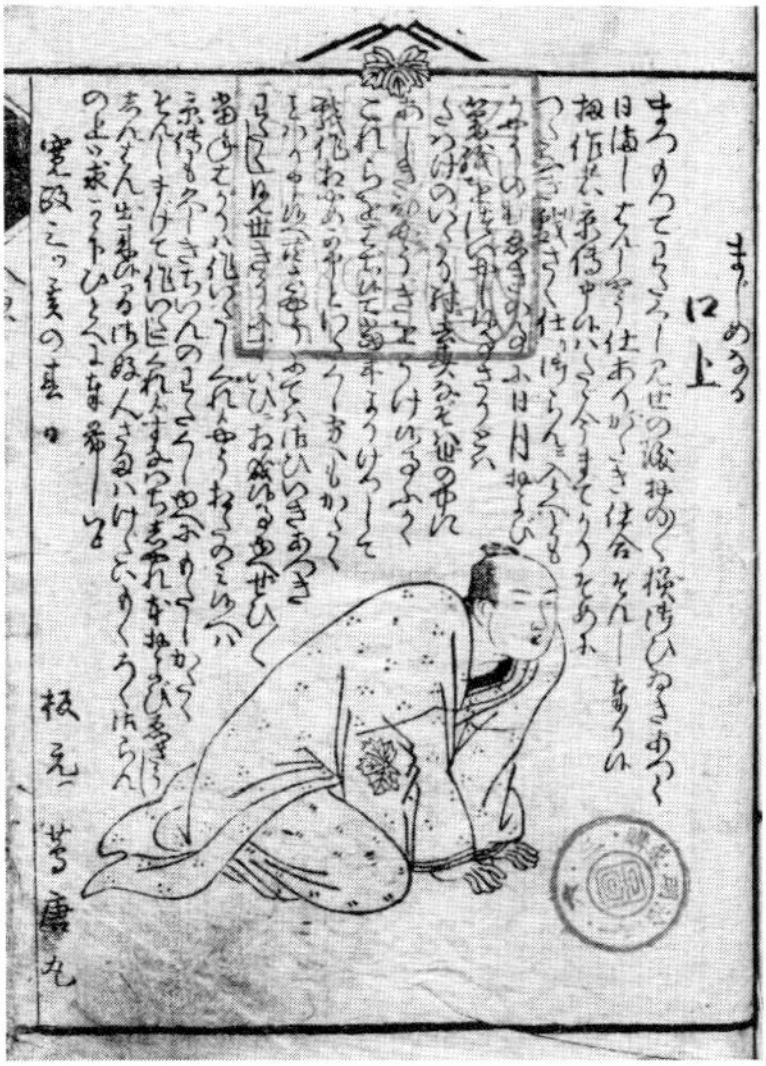

山東京伝作、歌川豊国画『箱入娘面屋人魚』
寛政３年（1791）　国立国会図書館デジタルコレクション（https://dl.ndl.go.jp/pid/9892706）

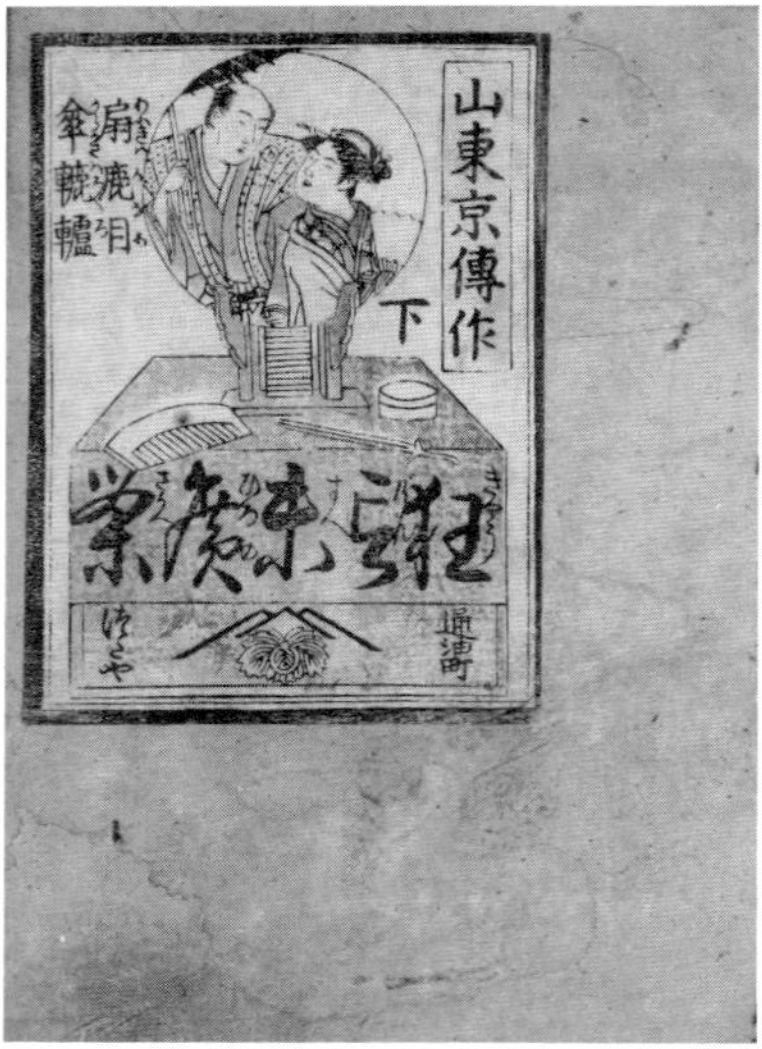

山東京伝作、喜多川歌麿画『狂言末広栄 下』
天明８年（1788）　早稲田大学図書館蔵

戯述」と銘打った新版目録一丁「辛亥年新版草艸紙名目」「辛亥年新版洒落本名目」を付載するものがある。未刊に終わったものが過半を占めるが、この時点で、京伝作品を主力商品に据えることを宣言した形である。

おそらくはこの寛政三年、旧版の京伝作黄表紙『江戸生艶気樺焼』『江戸春一夜千両』『三筋緯客気植田』『狂言末広栄』『時代世話二挺鼓』の再摺が行われる。作者京伝の名をことさら目立つようにあしらった絵題簽《えだいせん》が特徴的で、京伝の名を売り出す姿勢が顕著にうかがえる。

また、この年『指面草《さしもぐさ》』（天明六年、鶴喜刊）『古契三娼』（天明七年、同刊）の京伝作品を鶴喜から求版して再摺している。京伝作品ではなく、弟子を称する山東鶏

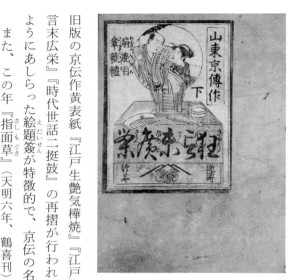

告・山東唐洲作の洒落本『夜半《よわ》の茶漬《ちやづけ》』も鶴喜から求版して再摺しているが、これには京伝が挿絵を描いていることもあって、濃厚な京伝色を演出しようという意図によるものであることは明白である。先に鶴喜とともに京伝の新作の独占を図った蔦重であるが、鶴喜などよりはかなり積極的に、また戦略的に、京伝作品の版元として蔦重店を広告しているのである。

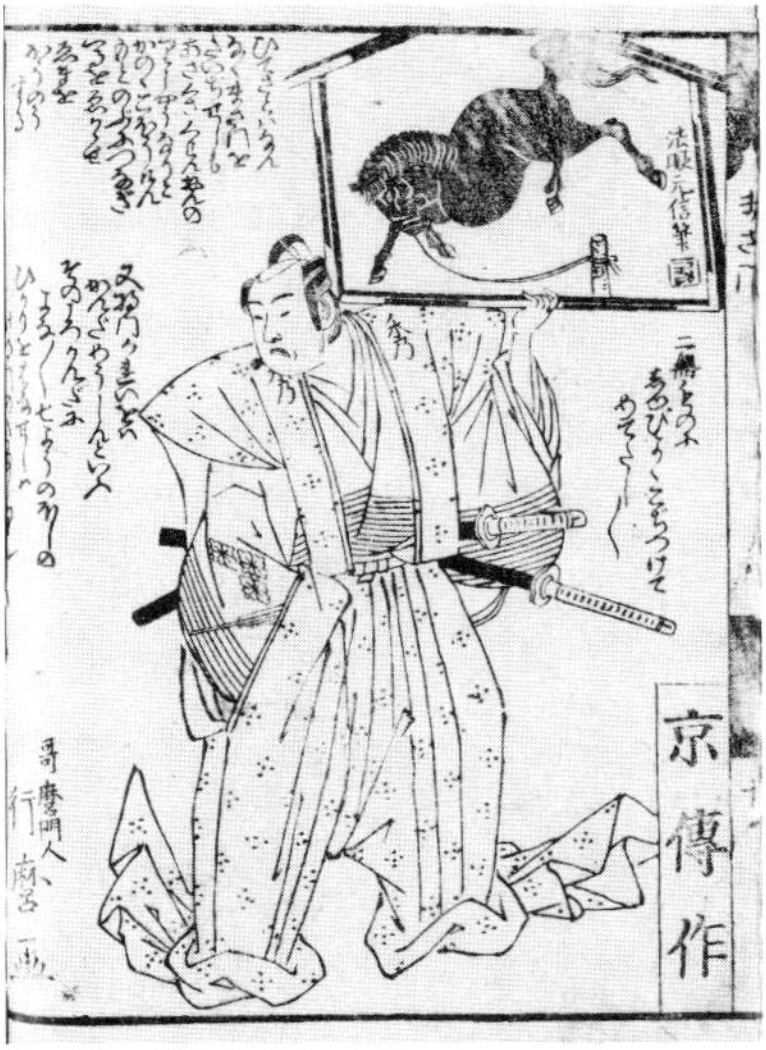

山東京伝作『時代世話二挺鼓』天明8年（1788）　国立国会図書館デジタルコレクション（https://dl.ndl.go.jp/pid/2534093）

　このような版元の意気込みに対して寛政四年の京伝作品はかなり寂しい。まず『昔々桃《もも》太《た》郎《ろう》発《ほっ》端《たん》話《ばな》説《し》』（勝川春朗画）『実語《じつご》教《きょう》幼稚《おさな》講《こう》釈《しやく》』（同画）の二作の黄表紙が出版されている。しかし、後者は、京伝の画稿ではあるものの、このころ京伝の押しかけ弟子となるべく接近してきた馬琴に、寛政三年の洒落本一件で執筆意欲がとんとわかなくなった京伝が代作させたものらしい（『近世物之本江戸作者部類』）。教訓一辺倒の作で、蔦重が京伝にどのような依頼の仕方をしたのかがわかりやすく表れている。

他に『梁山一歩談《りょうざんいっぽだん》』と『天剛垂楊柳《てんごうすいようりゅう》』の二点の黄表紙がある。二点一連の『水滸伝』の絵解きで、戯作的な趣向は無い。これも京伝らしさは稀薄で、北尾重政の絵で成立しているような作品である。人気作者京伝の版元を看板としたい思惑による水増しの感がある。

寛政五年の京伝の黄表紙『堪忍袋緒〆善玉《かんにんぶくろおじめのぜんだま》』は、善玉・悪玉ものの三作目である。その冒頭は京伝宅に蔦重が訪問してこの作の依頼をする場面である。三番煎じは誰も手を出さないので不可だと主張する京伝に対して、蔦重は、「行く川の流れは絶えずして、しかも昨日の見物は今日の見物にあらず」、つまり読者は次々と新

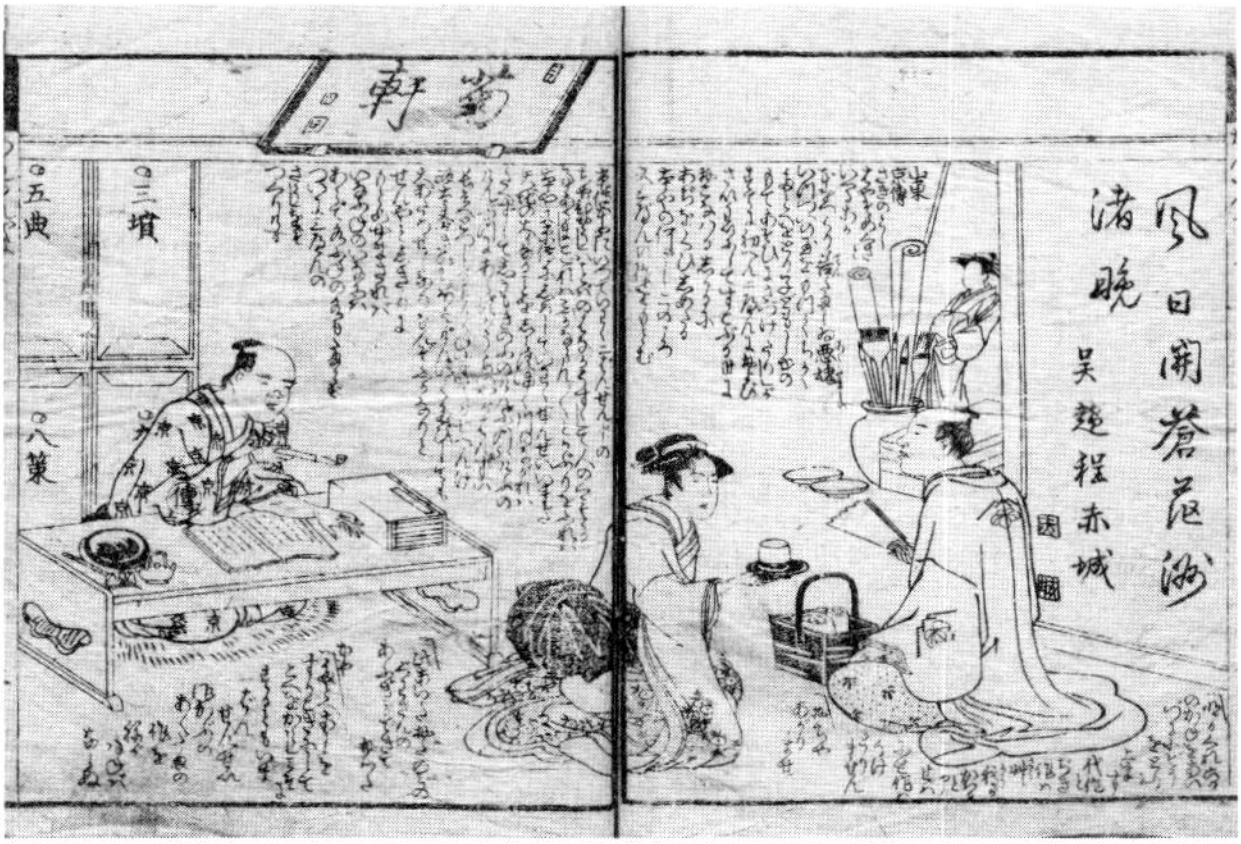

山東京伝ほか作『堪忍袋緒〆善玉』寛政５年（1793）　国立国会図書館デジタルコレクション（https://dl.ndl.go.jp/pid/9892741）

しく誕生してくるので三番煎じが不可なんてことはありえない、どうしても先生お株の悪玉の作を書いてもらわなくてはならないというのである。版元の強引さに押されてしぶしぶ作を引き受ける自身を戯画化している場面なのであるが、いかにも蔦重らしい発想で、実際このような押し問答があったのであろう。なお、偽作は受け取らないという蔦重の科白もあって、前年の代作をほのめかし、笑いとしている。

　本作は、堪忍袋の緒を切らないようにと子どもたちにわかりやすく教訓を施す京伝を描いて締めくくる。おそら

山東京伝作『貧福両道中之記』寛政５年（1793）　国立国会図書館デジタルコレクション（https://dl.ndl.go.jp/pid/9892796）

く蔦重の注文通りであろうし、期待通りの作であったろう。同年の『貧《ひん》福両道中《ぶくりょうどうちゅう》之《の》記《き》』も、富家のわがまま息子と貧家の孝行息子の人生を旅に見立てた教訓色の強いもので、「お父さんやお母さんにお世話を焼かせず、手習い、算盤を精出して、わるいたずらをなさるなや」と教訓して終わる。

　これら教訓色の強い京伝黄表紙は蔦重版に顕著な傾向で、鶴喜版はさほどでもない。『伊波伝毛乃記』は、京伝の黄表紙の趣向が教訓をもっぱらとしたものになっていったことについて、世間では、京伝は趣向が尽きてしまったのではないか、最近の黄表紙は笑えないと評判していたことを伝える。これまで機知的な笑いに満ちた京伝の黄表紙を愛読していた人びとにとっては当然の反応であったろう。それを承知で蔦重は京伝に書かせていたわけである。このような心学流の教訓を平易に絵解きするような作風、それが三番煎じの焼き直しでも嬉しがる「今日の見物」に向けて、さらには明日の見物の到来を見越しての商略であったと思われる。

民間知の底上げ

蔦重は、天明期の京伝の黄表紙をありがたがっていた江戸人ではなく、それ以外の地の新たな読者層に向けて営業を展開していったものと思われる。書物問屋加入の意義の大きなところも江戸外の流通網に関与するところにあったであろう。寛政改革の真面目な風が地方にまで吹き渡り、本に接して自己を向上させていこうとする普通の人びとの存在が顕在化し始めるころである。これまで、書籍の市場としては視野に入ってこなかった田舎の普通の人びと、勤勉な労働者である人びとが、書籍、学問に目を向け始め勉強していこうという気運が高まり始めるのである。彼らにとって、高名な京伝が作った教訓書の絵解きは恰好の入門書となりえたと思われる。蔦重は、彼らに向けて、また新たな書籍市場を耕すためのものとして京伝の教訓的黄表紙を戦略的に位置づけたものと思われるのである。

信州埴科郡森村、ここは農業中心の小さな村であるが、この村の中条唯七郎という人が、書きためた自分の日記を集約して『見聞集録』という記録にまとめている。そこにはこのころに起こった驚くべき村の変化が書き留められている。「近来素読流行の事」の一条には、まず自分の父親がこの村で素読をした最初の人間であること、それはごく一部の「抜き読み」にすぎなかったことを記している。次に彼が、二十一歳の寛政七年(一七九五)ころ、『和漢朗詠集』を読み始めたことに関連して、この村の家々に所蔵されている書籍がどの程度のものであったかを記している。彼がすべて把握できるほど、村全体の蔵書量は僅少で、多くの村人は日常的に書籍に接する人びとではなかったことがわかる。唯七郎は寛政八年(一七九六)、二十二歳の年に寿泉という医者に就いて本格的に四書の素読を始める。その当時は、素読を始めた彼に対して、坊主になるのか、医者になるのかなどと村人はからかっていた。その連中が、次第にわれもわれもと私塾に入門し始め、森村全体に素読熱、学問熱が広がっていく。素読稽古の時間が少ないと歎いたり、一季奉公の使用人まで影響を受けて夜学で素読を始めたり、日課として素読をしないわけにはいかないというところにまで至る。そしてそれがどんどん隣村にも広がっていくのである。ついには、無筆の老人は少々いるが、他はみな読み書きができるようになり、それを土台に諸芸に打ち込んでいくことになったと彼は記している。

他に、このような民間の学問熱について記したものはなかなか見当たらないのであるが、これは森村特殊の現象ではなかったものと思われる。たとえば松本の高美屋甚左衛門は、寛政期に書店を創業して、みるみるうちに営業規模を拡大して信州の書籍流通の要の役割を演じ始める。松本のみならず多くの地方都市で、寛政末以後書店の創業が相次ぎ、全国的な書籍流通網を形成していくのである。これは、三都以外の地域における書籍需要の飛躍的増加によるものと考えざるをえない。農業従事者をはじめとする労働者たちが、わずかに得られ始めた経済的余剰と余暇とを学問に振り向け始めたのである。

寛政改革を経て、武士の勤勉ぶりは範とするに足るものとなる。また心学の流行も追い風となって、倫理的向上を自分に課してよりよい自己を実現していこうという真面目な普通の人びとが全国的に顕在化し始めた。彼らが新たな書籍市場を形成していくのである。この時代の流れに鑑みる限り、蔦重が京伝に作らせた教訓的な黄表紙は、この市場を耕すべく投じられたものと判断せざるをえない。

平仮名の経書

讃岐の浪人儒者渓百年《たにひやくねん》が編んだ『経典余師《けいてんよし》　四書之部』は、爆発的な支持を得て、このような時代状況をさらに推し進めた書籍である。江戸時代後期を象徴するものといってもよいであろう。

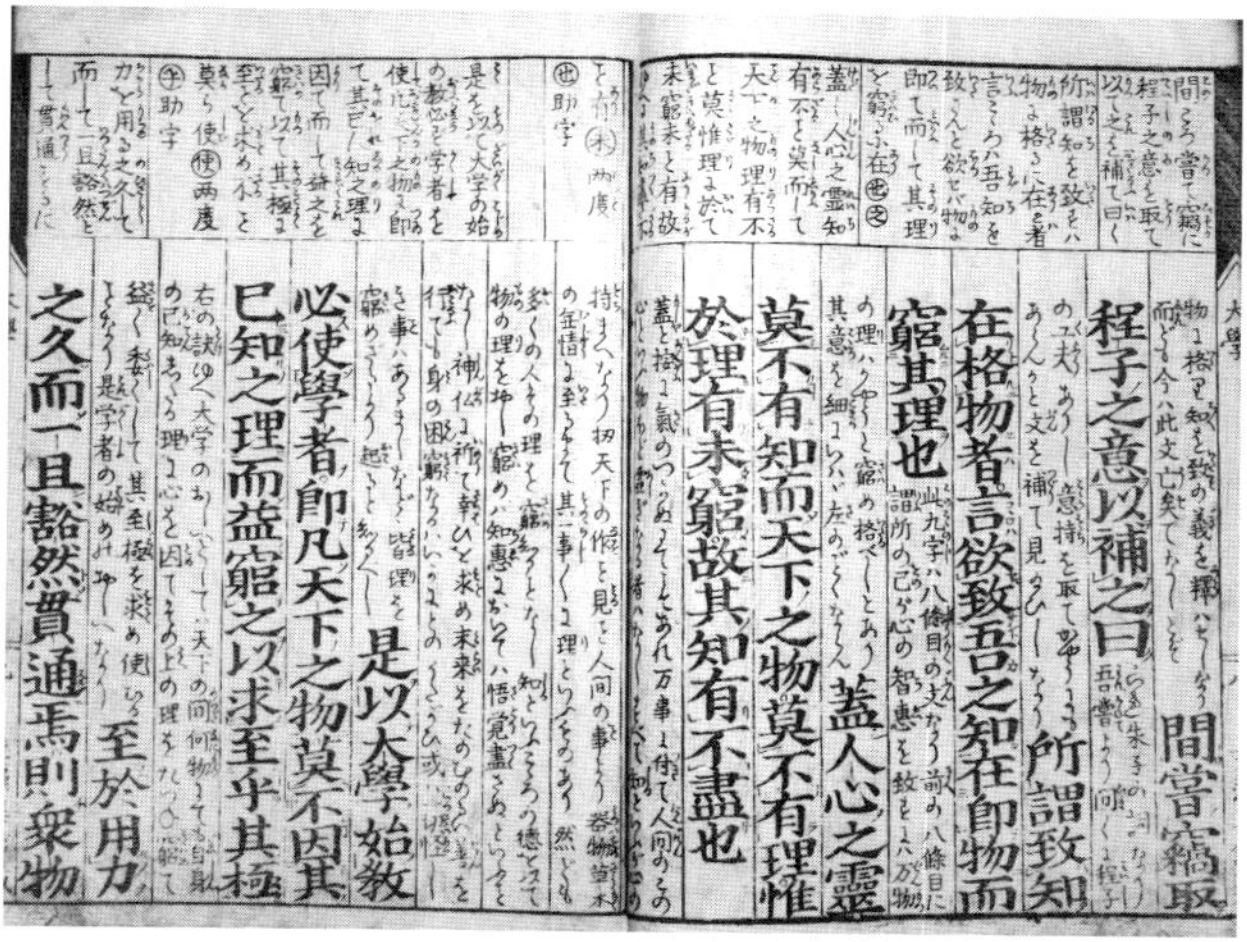

程子之意以補之曰 間嘗竊取
在格物者言欲致吾之知在即物而 所謂致知
窮其理也
莫不有知而天下之物莫不有理惟 蓋人心之靈
於理有未窮故其知有不盡也
必使學者即凡天下之物莫不因其 是以大學始教
已知之理而益窮之以求至乎其極
之久而一旦豁然貫通焉則衆物 至於用力

渓百年作『経典余師　四書之部』天明６年（1786）　個人蔵

これは漢籍の注釈書であるが、これまでに無い画期的な様式を備えている。まず、従来の漢籍注釈書で用いられてきた仮名は片仮名だったのであるが、『経典余師』は学問世界では使用されるべきではなかった平仮名を用いていて、ほとんどの漢字に振り仮名が施される。版面は、返り点を付した本文を短く区切りながら大字で記し、その次行から双行でその部分の解釈を記す。本文の上部を仕切って設けた上欄に本文の書き下し文を載せる。これまでまったく無かった注釈様式である。つまり、平仮名さえ修得していれば、本書を用いて誰でも自学自習で素読をすることが可能なように仕立てられている。素読を施してくれる師匠がいないような田舎でも、また師匠に就いて素読を行う時間的・経済的余裕の無い人間でも、志次第で素読を修練することができ、学問世界に入っていけるという作り方である。

『経典余師　四書之部』は天明六年に出版された。『よしの冊子』は、本書について、高位の不勉強武士にたいへん重宝がられているという噂を載せている。つまり、文武のかけ声の下、にわかに学問をしなくてはならなくなった幕臣たちが、まずこれに飛びついたというわけである。京伝の黄表紙『照子《かがみ》浄玻璃《のじようはり》』（寛政二年、蔦重版）に、不学の武士たちが落とされた暗闇地獄の場面があり、「足下は、この頃出た経典余師を御覧じたか。恨むらくは、間に合いすぎますの」という会話の書き入れがある。彼らにとって間に合いすぎるくらいの便利でありがたい本だったのである。

それが、武士のにわか勉強の需要にとどまらず、真面目な民間の学問熱の高まりの中に急速に浸透していく。一種流行現象を引き起こしたようで、京伝の洒落本『戯作四書京伝余誌』（寛政二年、伏見屋善六刊）という書名をもじったものが出版されたりする。渓百年のものだけでも「四書之部」は、明治四年（一八七一）までに六版を数えることができる。天明七年（一七八七）「孝経之部」、天明九年「弟子職」、寛政三年「小学之部」、寛政四年「四書序之部」、寛政五年「詩経之部」、寛政八年「孫子之部」、文化十二年（一八一五）「書経之部」、文政二年「易経之部」と立て続けに出版され、そのほとんどが再版を繰り返しているのである。

『孝経平假名附』寛政９年（1797）
個人蔵

この画期的な注釈様式は、さまざまな漢籍や往来物に応用されていく。書物問屋となった蔦重も、当時江戸払いとなって四谷に逼塞していた宿屋飯盛（石川雅望）に、『千字文』の『経典余師』様式の注釈書『略解千字文』を作らせ、寛政六年

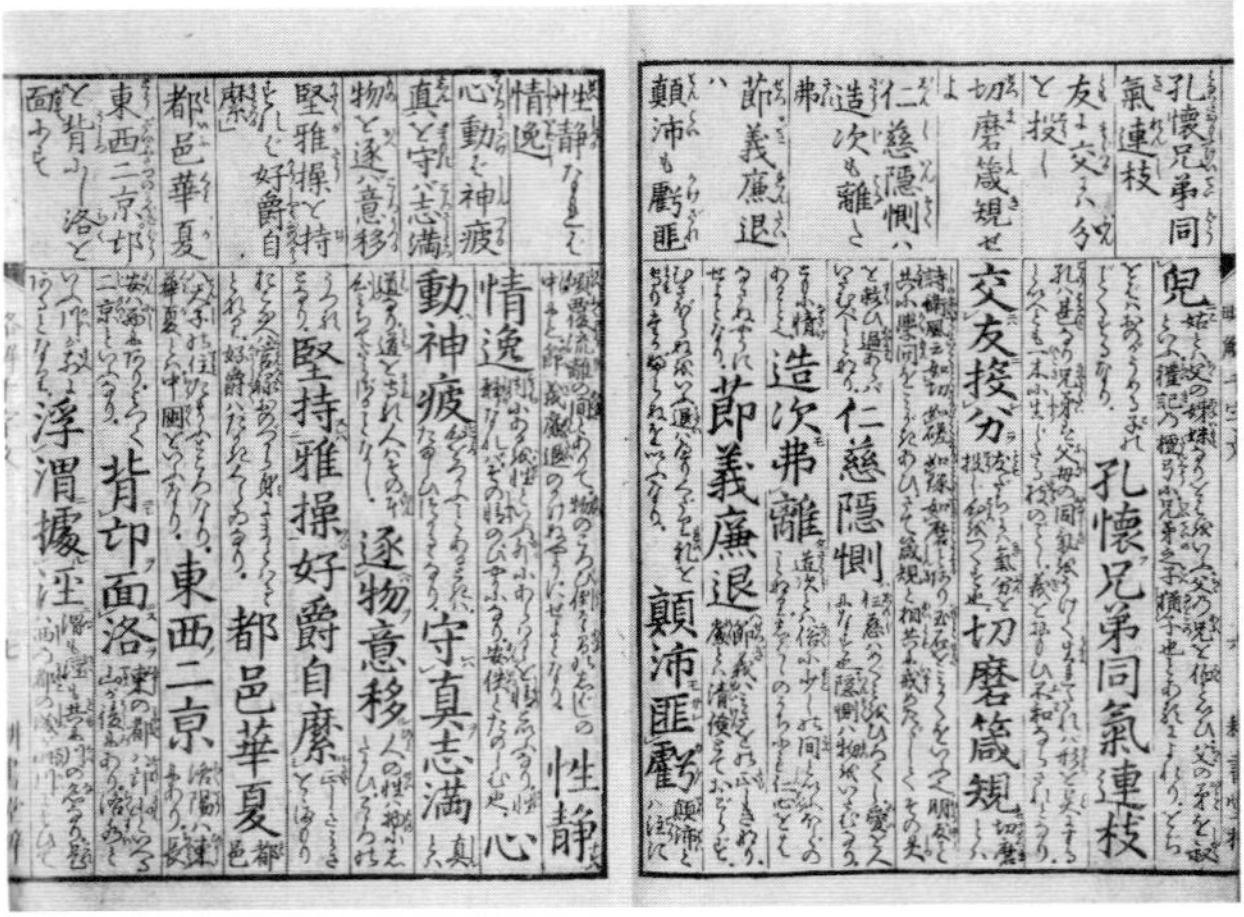
孔懐兄弟同氣連枝 交友投分切磨箴規 仁慈隠惻造次弗離 節義廉退顛沛匪虧

性静情逸心動神疲 守真志満逐物意移 堅持雅操好爵自縻 都邑華夏東西二京 背邙面洛浮渭據涇

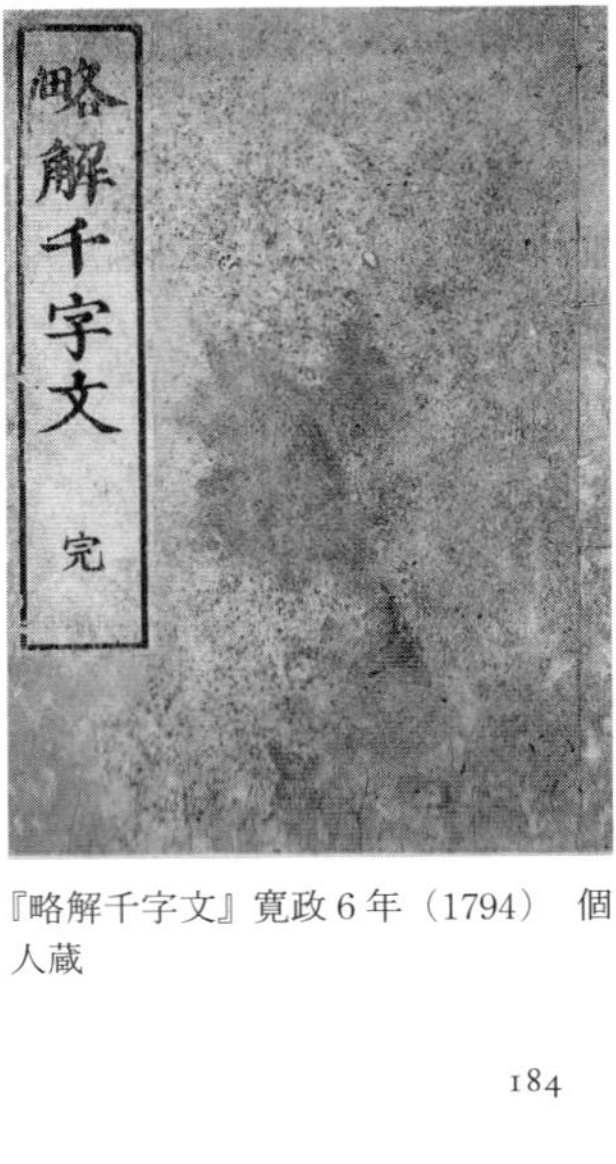

『略解千字文』寛政6年（1794） 個人蔵

（一七九四）に出版している。寛政九年（一七九七）には、同人編『孝経平仮名附』を出版しているが、これも同様の『孝経』注釈書である。両書とも、後摺本が多数確認できるので、時流に乗って大いに民間に受け入れられたものと思われる。

全国展開

永楽屋東四郎

民間における書籍需要の増大は、地方都市の書籍商の体力を増進していった。その追い風も受けて、また家中の学問水準の高まりとそれを是とする尾張藩の後押しもあって、三都に次ぐ都市である名古屋の書籍業界の伸長が寛政期になってからめざましい。そもそも名古屋の書籍商は京都書店の出店が多く、京都と密接な関係にあった。名古屋における開版書も、その出版願いを京都書林仲間に出すのが通例であった。それが、名古屋書店への出版許可を尾張藩が出すようになり、名古屋に独立した仲間組織が寛政六年に成立することになる。以後名古屋書商全体の活躍がめざましい中で、とくに、安永期創業と思われる新興の永楽屋東四郎《えいらくやとうしろう》がこの流れを牽引する大きな役割を担うようになる。

天明八年正月刊の『四方《よも》のあか』と『鶉衣《うずらごろも》』、また寛政二年刊『通俗醒世恒言《つうぞくせいせいこうげん》』など、蔦重が名古屋地方への売弘めとして当初提携してきたのは老舗の風月堂孫助《ふうげつどうまごすけ》であった。それが、永楽屋版の江戸売弘めとしてこの永楽屋と密接な関係を蔦重は作り上げていくようになる。最初に確認できるのは寛政三年正月刊の『分笑奇判《ぶんしょうきはん》』で、蔦屋重三郎と永楽屋東四郎連名の刊記を備える。江戸版売弘め、また他国版の江戸売弘め許可の書物問屋仲間の記録である『割印帳』に記事は無い。相版の形になっているのであるが、主版元は永楽屋で蔦重は江戸売弘めの役割であろう。永楽屋版である未足斎六林《みそくさいろくりん》の『つの文字』も寛政三年十二月二十五日に江戸売弘めの許可を江戸書物問屋仲間に蔦重は受けていることが『割印帳』にうかがえる。以後、寛政五年には『難解《かまし》釜斯幾《き》』、寛政六年には尾張藩儒岡田新川《しんせん》（挺之）が手掛けた『文《も》字竅《じきょう》』『劉向列仙伝《りゅうきょうれつせんでん》』『孝経鄭註《こうきょうていちゅう》』の江戸売弘めを蔦重は行っている。

永楽屋版岡田新川（挺之）著作の売弘めは、この先にも寛政七年版『秉穂録《へいすいろく》』

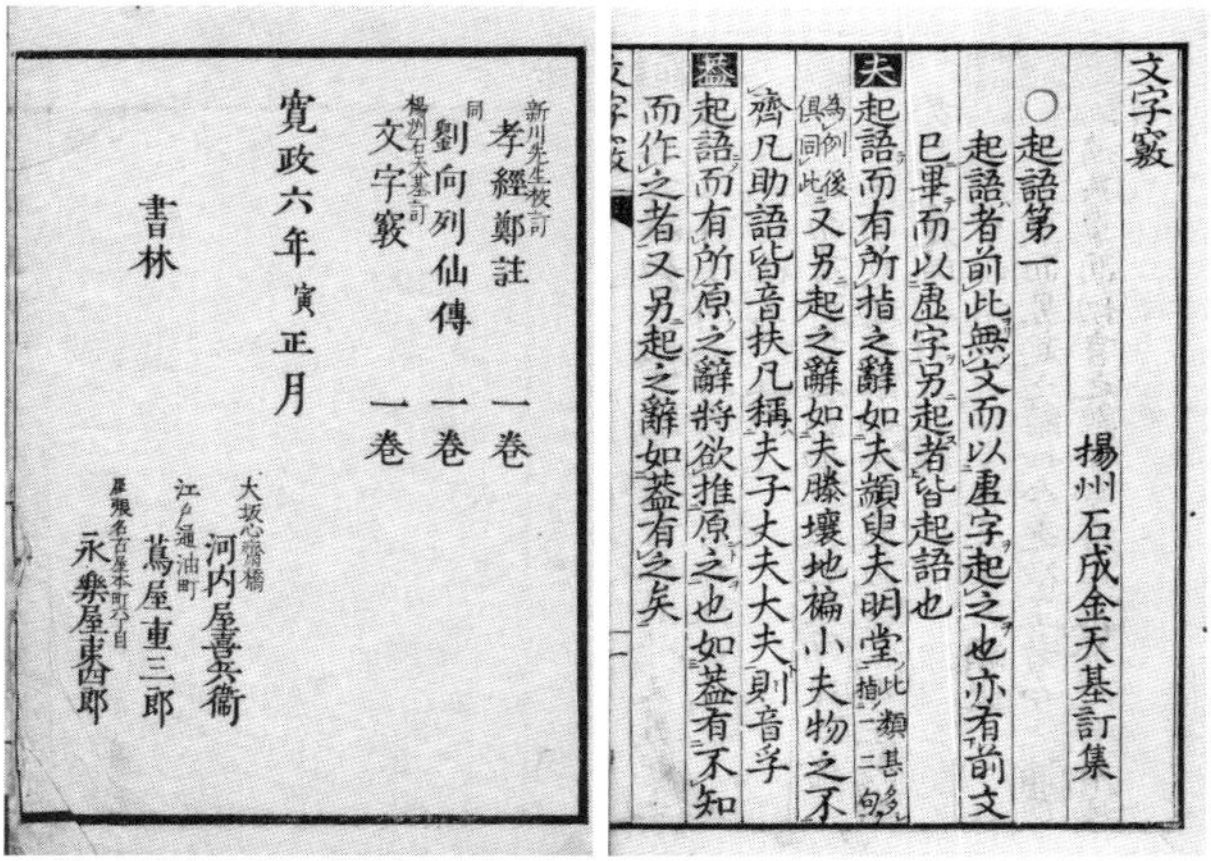
新川先生校訂 孝經鄭註 一卷
同 劉向列仙傳 一卷
揚州石天基訂 文字竅 一卷

寛政六年寅正月

書林
大坂心齋橋 河内屋喜兵衛
江戸通油町 蔦屋重三郎
尾張名古屋本町六丁目 永樂屋東四郎

文字竅
揚州石成金天基訂集
○起語第一
起語者前此無文而以虚字起之也亦有前文已畢而以虚字另起者皆起語也
夫 起語而有所指之辭如夫顓臾夫明堂此類甚多指一二句 又另起之辭如夫滕壤地褊小夫物之不齊凡助語皆音扶凡稱夫子丈夫大夫則音孚為例後俱同此
蓋 起語而有所原之辭將欲推原之也如蓋有不知而作之者又另起之辭如蓋有之矣

岡田新川校訂『文字竅』寛政６年（1794）　個人蔵

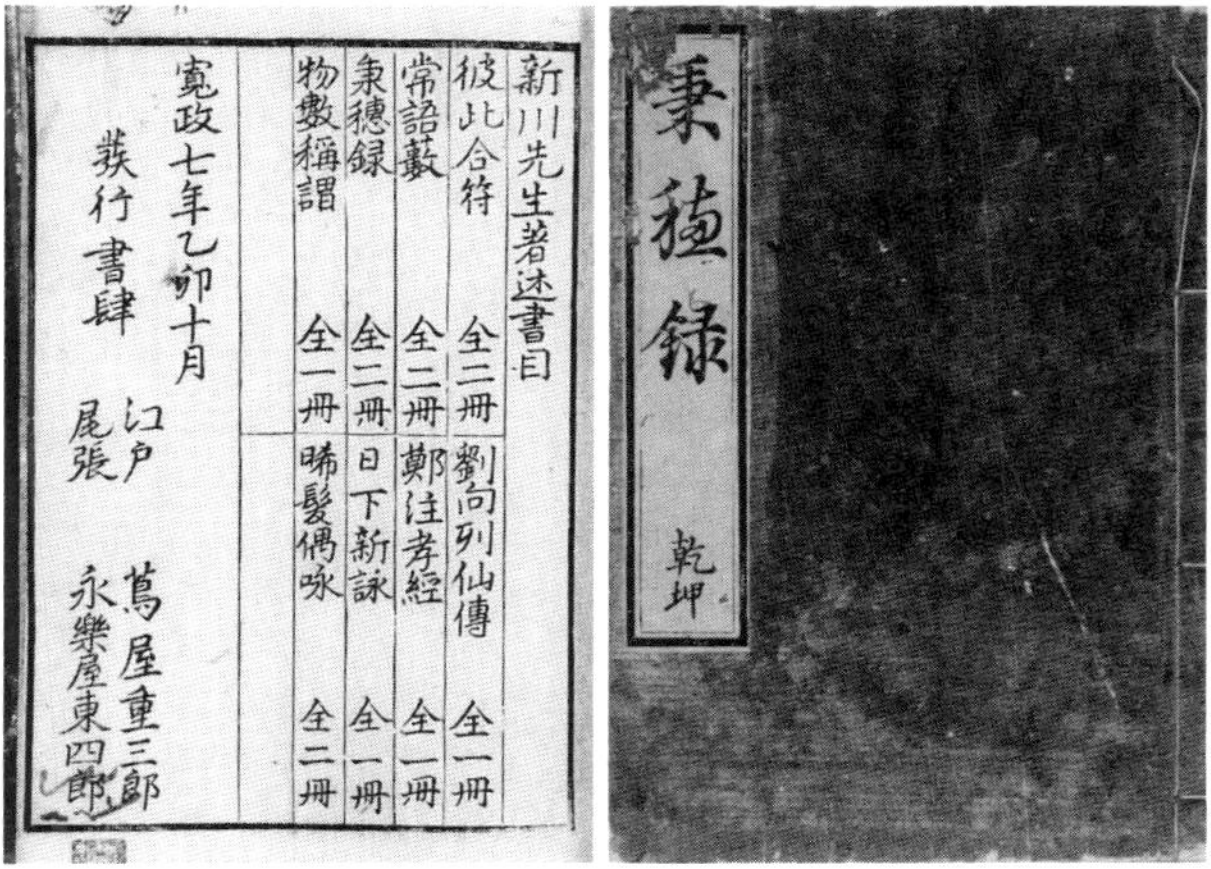
新川先生著述書目
彼此合符 全二冊 劉向列仙傳 全一冊
常語藪 全二冊 鄭注孝經 全一冊
秉穂録 全二冊 日下新詠 全一冊
物數稱謂 全一冊 晞髪偶咏 全二冊

寛政七年乙卯十月

發行書肆
江戸 蔦屋重三郎
尾張 永樂屋東四郎

岡田新川（挺之）作『秉穂録』寛政７年（1795）　個人蔵

『彼此合符《ひしごうふ》』『物数称謂《ぶつすうしょうい》』『常語藪《じょうごすう》』があり、いずれも翌寛政八年に蔦重は売弘めの許可を得ている。なお、前三者には刊記に永楽屋と蔦重の名が見られる。

永楽屋東四郎は、全国的流通に参与し始めた蔦重との提携によって、自版の江戸売弘めの足掛かりを作った。蔦重にしてみても、優良な出版物を続々手掛け始めて勢いを増してきている永楽屋東四郎と組むことは、他店に無い独自の在庫を得て、他の書店との取引を活性化させることを可能とした。そして、西への流通の太いパイプを形成することを得たわけである。

和学書

村田春海《むらたはるみ》や加藤千蔭《かとうちかげ》らを中核として、江戸の和学の世界は寛政以後大きく展開していくことになる。それは、学問水準を上げてきた江戸の都市住民たちの支持を基盤とする。裾野を大きく広げた狂歌の役割も大きい。狂歌の遊びは本格的な和歌の修練と連続するのである。書物問屋となった蔦重は春海や千蔭の編著を手掛け始める。寛政四年には橘（加藤）千蔭の法帖『ゆきかひぶり』を出版する。この本文は

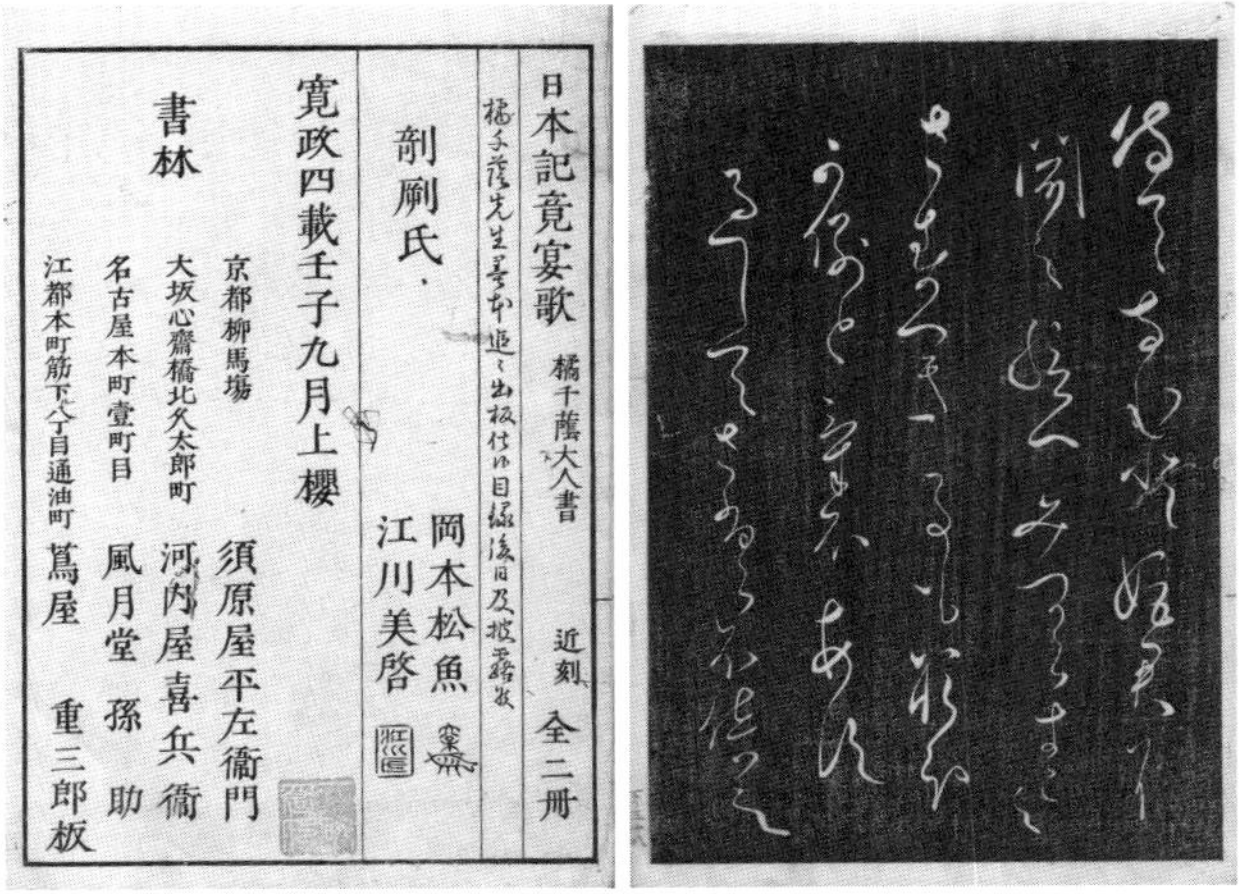
日本記竟宴歌　橘千蔭大人書　近刻　全二冊
橘千蔭先生墨本追々出板仕候目録後日及披露候
剞劂氏　岡本松魚　江川美啓
寛政四載壬子九月上櫻
書林
京都柳馬場　須原屋平左衛門
大坂心斎橋北久太郎町　河内屋喜兵衛
名古屋本町壹町目　風月堂孫助
江都本町筋下八丁目通油町　蔦屋重三郎板

橘千蔭書『ゆきかひふり』寛政４年（1792）　個人蔵

『源氏物語』の中の手紙を抜き出したもので、それを千蔭の美しい仮名書きで仕立てたものである。彼は人気の和様の書家でもあった。同書巻末の広告には「日本記竟宴歌　橘千蔭大人書近刻全二冊／橘千蔭先生墨本追々出板仕候、目録後日及披露候」とあって、千蔭の法帖出版に対する蔦重の意欲をうかがうことができる。

　また寛政六年、賀茂真淵《かものまぶち》注で村田春海校の『落久保《おちくぼ》物語《ものがたり》』を蔦重は出版しようとしたようである。『割印帳』閏十一月の記事によれば、寛政六年六月に仲間の改めを済ませた後、清書本を焼失、版下を板木師に預けておいた分だけ版木が出来上がったので、これをもって割印、すなわち売弘めの許可を願い出て、許可されている。しかし、これに該当する版本は確認できない。出版までにこぎ着けられず頓挫したものと思われる。事によると、寛政三年洒落本一件による資本力低下があったかもしれない。

寛政八年には永楽屋東四郎との相版で千蔭の『万葉集略解《まんようしゆうりやくげ》』の出版も始まる。蔦重は江戸の和学流行に食い込んでいったわけである。そのような中、江戸における需要が高まっていったのは、寛政期になって注目すべき成果を次々と世に出していった本居宣長《もとおりのりなが》の著作であった。

寛政七年三月二十五日、蔦重が伊勢松坂に赴き本居宣長を訪問したことは、宣長の覚書『雅事要案』にて知られる。そこに村田春海や加藤千蔭と懇意の本屋であることが記されている。この江戸の和学者二人の紹介状を携えての訪問であったのであろう。そして、当然途次にある名古屋で永楽屋東四郎店にも立ち寄ったことであろう。宣長とどのようなやりとりを行ったものかはわからないが、この後の展開をたどると、宣長著作の江戸売弘めや宣長著作の開版を手掛けたい旨の申し出であったものと思われる。

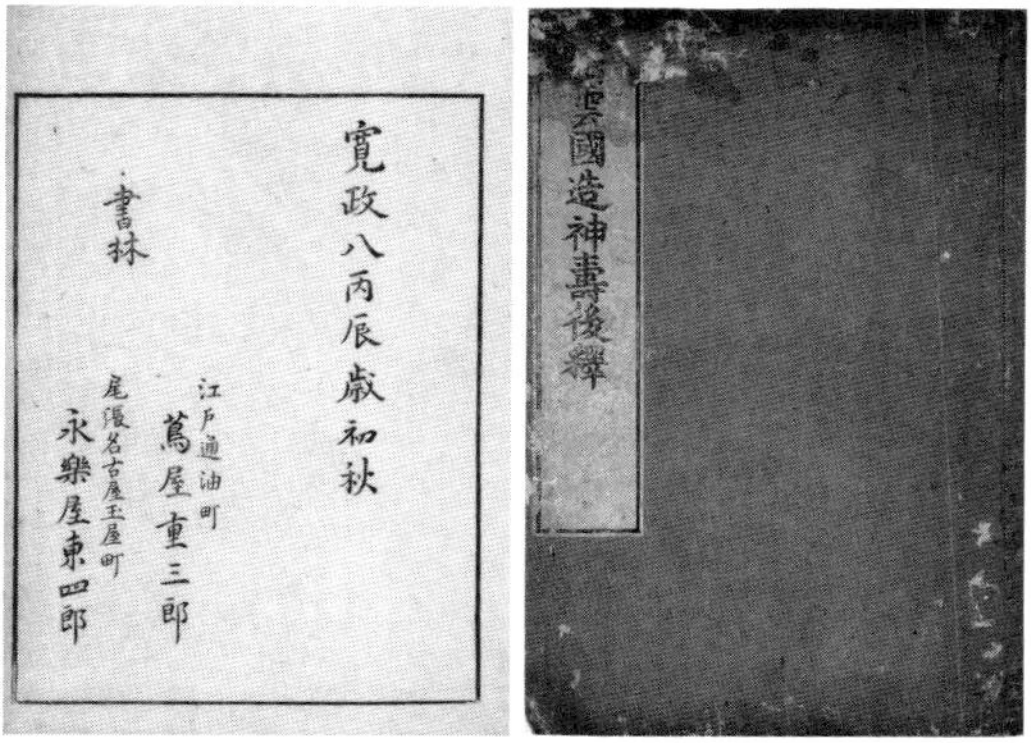

『出雲国造神寿後釈』寛政８年（1796）　個人蔵

これまで宣長本の流通を手掛けてきたのは永楽屋東四郎であった。蔦重は永楽屋と提携して宣長本の江戸売弘めを行っていく。まず、寛政四年刊の『手《た》まくら』、これは寛政七年六月に江戸売弘めの許可を蔦重が得ている（『割印帳』）。また寛政六年十二月刊『玉勝《たまかつ》間《ま》』の江戸売弘め許可を寛政七年八月に得ている（同）。そして、寛政八年七月に『出雲《いずもの》国造《くにのみやつこ》神寿後釈《かんよごとこうしゃく》』を永楽屋東四郎と相版で出版することになる。宣長の『雅事要案』

『来訪諸子姓名住国并聞名諸子』『授業門人姓名録』によれば、蔦重の宣長訪問の翌年の寛政八年、浅草庵市人・千穐庵霜解《せんしゅうあんしもとき》・窪俊満・算木有政といった江戸の狂歌師たちが宣長の許を訪れている。その中で市人と霜解は入門を果たしている。江戸からの熱いまなざしを浴び始める宣長にいち早く取り入っていったのは蔦重ならではの読みであったろう。

一九と馬琴

京伝の門人となるべく京伝宅に転がり込んでいた馬琴は、それを果たせないまま、寛政三年三月から蔦重店の手代として働くことになる。寛政五年七月、馬琴は蔦重店を辞して飯田町の下駄屋に入り婿する。この間に、寛政四年正月の京伝黄表紙の代作をしたことは先に述べた。寛政五年蔦重版『笑府衿建米《えりだちごめ》』は、天明六年刊の黄表紙『手練偽《てれんいつわり》なし』の版木を細工した咄本であるが、これは序文を書いている馬琴の作と思われる。また同年の『梅之笑《えみ》』は寛政四年正月刊の咄本『富貴樽《ふつきたる》』前半の増補改題本で、村瓢子なるものの作とあるが、序末に「曲亭主人序幷校」とあって、馬琴の手が入っているもののようである。曼亭鬼武《まんていおにたけ》作咄本『華ゑくほ』の内題下にも「馬琴校」とあって、これにも馬琴の関与がうかがえる。

作品の内容にも関与するような形で、蔦重は馬琴を使ってみたのであろう。馬琴が店を出た後も馬琴の作を蔦重は出版していく。翌寛政六年正月蔦重刊の黄表紙『福寿海无《ふくじゆかいむ》量品玉《りようのしなだま》』は馬琴の黄表紙初作である。寛政七年には善玉・悪玉ものの黄表紙の第四編『四遍摺心学草帋《しへんずりしんがくぞうし》』、寛政八年には中本型の読本『高尾船字文《たかおせんじもん》』を出版する。前者については、さすがに四度目の悪玉ものの執筆を京伝に引き受けさせるのが難しかったのであろう。寛政九年にも三点の馬琴作黄表紙を手掛ける。馬琴による教訓的内容の作品は、京伝頼みだった蔦重にとって、それを補完するよい材料であったのであろう。

馬琴が蔦重店を出た翌年、寛政六年秋に転がり込んできたのが十返舎一九であった。この年の正月に蔦重が出版した京伝の『初役金烏帽子魚《はつやくこがねのえぼしうお》』は、下り役者の中山富三郎が桐座で演じた道成寺の所作事に取材した戯作であるが、この挿絵に画筆を執っているのが一九であった。これがどのような縁によるものか具体的には不明であるが、この年の秋から一九は蔦重の食客となる。翌寛政七年正月の蔦重版黄表紙『心学時計草《しんがくとけいぐさ》』『新鋳《しんことぶき》小《こ》判曦《ばんのみたぶ》』『奇《き》妙頂礼《みょうちょうらい》胎《こだねの》錫杖《しゃくじょう》』の三点は一九の作である。この年京伝作品を一点も出せない穴を一九が埋めた形である。達者に絵もこなせる彼の軽妙で平易な作風は、新たに顕在化し始めた江戸外の読者層に相応しいものと蔦重は評価したものと思われる。

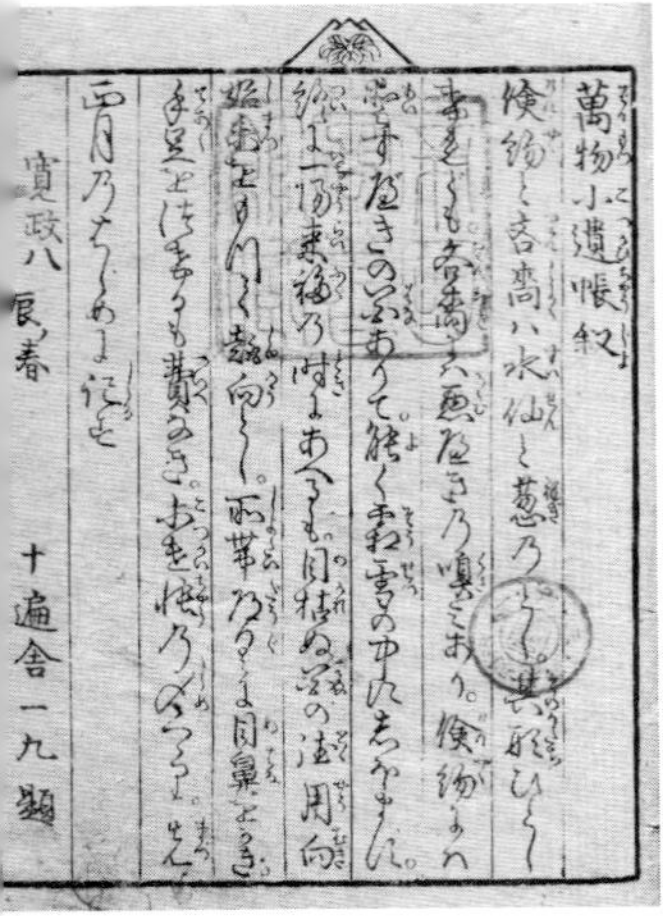
萬物小遣帳叙
寛政八 辰ノ春
十返舎一九題

十返舎一九作画『化物小遣帳』寛政８年（1796）　国立国会図書館デジタルコレクション（https://dl.ndl.go.jp/pid/9892559）

翌寛政八年には『化物小遣帳《ばけものこづかいちょう》』『化物年中《ねんじゅう》行状《ぎょうじ》記』『怪談筆始《かいだんふではじめ》』の三点、いずれも一九の十八番になる化け物ネタの黄表紙を蔦重は出版する。この年は、蔦重版の三点を含めて十六点の一九の黄表紙が出版されている。

蔦重以外の版元は村田屋治郎

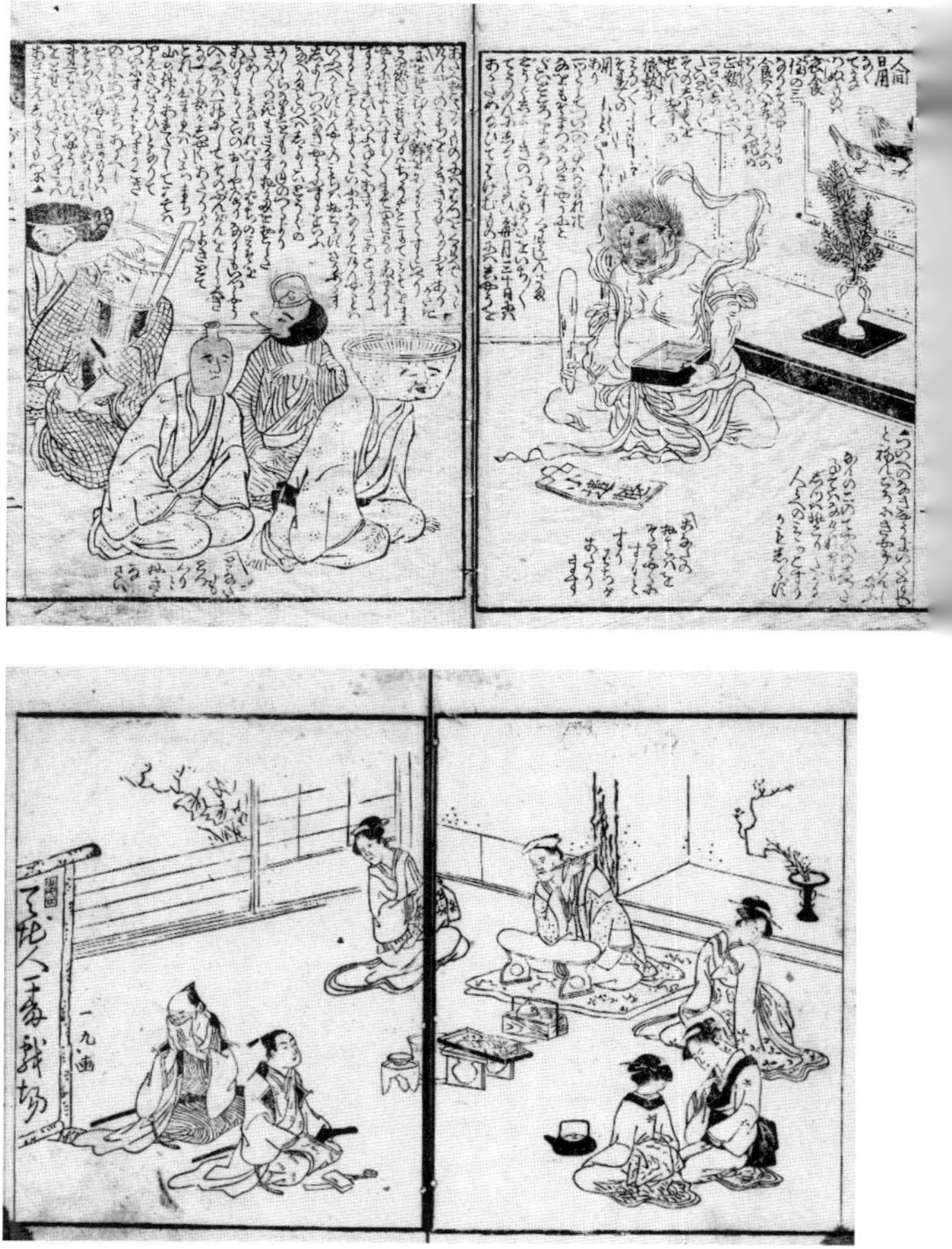

山東京伝作、十返舎一九 画『初役金烏帽子魚』寛政６年（1794）　東京都立中央図書館加賀文庫蔵

兵衛・榎本屋吉兵衛・岩戸屋喜三郎・西宮新六である。翌寛政九年も十九点の一九作の黄表紙出版を確認できるが、この中に蔦重版は無い。便利な作者として引っ張りだことなっていって、彼は蔦重の許を離れたのである。

そもそもの蔦重の見立ては外れてはいなかった。『東海道中膝栗毛』の初編『浮世道中膝栗毛』は享和二年（一八〇二）に村田屋治郎兵衛によって出版されることになる。この新しい趣向の戯作が新たなジャンルを切り開き、新たに浮上した読者層をさらに拡大していくことになるのである。

蔦重の死

『東海道中膝栗毛』初編刊行の五年前、寛政九年五月六日に蔦重は他界する。享年四十八。彼が見通していたであろう書籍市場の変化、その本格化する様子を見ずに去ったわけである。

寛政八年秋に蔦重は脚気《かっけ》を患い、次第に病状は悪化していったようである（石川雅望撰文蔦重墓碑銘)。おそらくそれを伝え聞いていたのであろう南畝は、翌年正月元日に蔦重宅に年礼に訪れている。この時に病状の芳しくないことを見て取ったのか、三月二十七日にまた見舞いに訪れている。南畝の書留『会計私記』のこの日の記事に、蔦重の病気がいまだすぐれないことを記している。そして五月七日、南畝は山谷正法寺に赴き蔦重の葬儀に参列することになる。一歳年下の蔦重は、南畝にとって、天明期のまぶしいような一時をともに過ごした仲であり、そのまぶしさを演出してくれた人間であった。役人生活を続けていた南畝が懐かしく一昔前を振り返る機会であったろうが、具体的にどのような感懐を得たものか南畝は記していない。

さて、寛政八年秋細見と寛政九年春細見には蔦重の序文を載せている。寛政九年正月には自作の黄表紙『身体開帳略縁起《しんたいかいちょうりやくえんぎ》』も出版している。文事にその作り手として関わっている版元という店の色合いを濃いものとしている。蔦屋という店をどのように演出していくかを絶えず発想していく蔦重らしい商略の一環である。

寛政十年（一七九八）蔦重版の黄表紙に『賽山伏狐修怨《にたやまぶしきつねのしかえし》』があって、序末に「畊書堂唐丸撰」とある。蔦重の遺作めかしているわけであるが、これは馬琴の代作である（『近世物之本江戸作者部類』）。蔦重の死後、番頭の勇助が養子に入り二代目蔦重となる。彼としては、初代の「商略」を踏襲したつもりであったのであろうが、この黄表紙自体も低調なものであり、初代が敷いてきた路線をそのまま延長していく技倆は二代目には備わっていなかったようである。初代の時の冴えはその後の蔦屋の営業に薄れていく。

馬琴は『近世物之本江戸作者部類』に「惜むべし、寛政九年の夏五月脚気を患ひて身まかりぬ。享年四十八歳なり」と特記して哀悼の歌を記している。馬琴の歌稿・句稿等の書留『自撰自集』にもその時の歌と句を記している。

同九年五月六日蔦の唐丸悼亡

おもひきやけふはむなしき薬玉の枕にのこるなげきせんとは
　寛政九年五月六日畊書堂唐丸悼亡
夏菊にむなしき枕見る日かな

　主のいなくなった枕を馬琴は実際目にしたのであろう。馬琴の蔦重を悼む思いが素直に表現されていると思われる。唐丸名の黄表紙代作を引き受けたのも、一時の恩義を受けたという義理合いだけの話ではないであろう。馬琴は『近世物之本江戸作者部類』に、「こも亦一畸人なれば」としながら、作者ならぬ蔦重の略伝を載せた。「惜むべし」は本音であろう。蔦重がこの世界に大きな役割を果たした存在であったこと、彼の不在が埋め合わせの利くことではないことを彼は切実に実感していたと思われる。

あとがき

『蔦屋重三郎』と題した小著を若草書房から出したのは、一九九八年のことであった（これに新稿若干を加えて年譜を削った平凡社ライブラリー版『新版 蔦屋重三郎』を二〇一二年に出版した）。この仕事は、私の二十代、三十代の時の論考をまとめたものであった。書いた当人も何を書いたのか忘れかけているくらい昔の文章である。若気の至りの勇み足、粗忽も多々。不十分な考察、意を尽くさぬ表現等々、読み返すとひやひやする。そして、もともとが既発表の論文を部品としていて、それらをつなぎ合わせたものなので、どこかぎくしゃくしたところ、飛躍しているところもある。

蔦重研究は、これ以上新たな史料も出てこないし、これにてこの研究は一段落のつもりで、あれこれ別の研究に手を出してこれまで過ごしてきた。しかし、蔦重に関する原稿依頼はその後も時折来るし、講演依頼にいたっては八割方蔦重に関することであった。その度に、小著を読み返して忘れかけていることを復習して間に合わせてきたのであるが、年を重ねるに従って、復習のたびに首をかしげること、また気恥ずかしい思いをすることが多くなってきた。でももう蔦重についてはこれ以上研究することはないだろうと、そのままほったらかしにしておく気持ちでいた。

そんな中、平凡社の平井瑛子さんから、新書として新たに書き直さないかというお話をいただいた。前著の内容と大きく重なるであろうし、今さらという感がそもそもあったが、気になるところに手を入れて新たなものにしたい気持ちがまさって、五つ返事くらいで引き受けた。先述したように前著はいくつかの論文を寄せ集めたものであった。論文は史料に基づく確度の高いことしか書けない。喉元まで出かかったことも、根拠が弱ければ飲み込むしかない。今回は、学生にかみ砕いて優しく説明するような調子で書けばよいであろうし、そうすれば学生にハッタリをかます要領で飲み込んでいたことも吐き出せそうな気がしたのである。

そのようなわけで、前著に引きずられないように極力復習しないで書くことにした。その結果、調子に乗って、「だろう」、「と思われる」、「かもしれない」、「に違いない」といった推量表現が多発、眉に唾してお読みいただければと思う。また蔦重の足取りをその時代とともにさらっと簡単に捉えられるように努めたので、原文引用は最低限にとどめて、多くは極力平易な現代文に直したり、その概要を記すにとどめた。注や参考文献も一切省いた。引用を確かめたい方は原典に、詳しいことを知りたい向きは前著等にあたってほしい。また個々の出版物についてその詳細を記すこともほとんどしなかった。インターネット上で、精度の高い画像が提供されている時代となった。興味を引かれたものについては、それぞれ検索してそこで確認していただきたい。

散らかった原稿を丁寧に整理して一書に仕上げてくださった平井瑛子さんに深謝する次第である。

二〇二四年八月

鈴木俊幸

【著者】
鈴木俊幸（すずき としゆき）
1956年、北海道生まれ。中央大学文学部教授。専攻は近世文学、書籍文化史。中央大学文学部国文学専攻卒業。同大学大学院博士課程単位取得満期退学。著書に、『江戸の読書熱――自学する読者と書籍流通』『絵草紙屋 江戸の浮世絵ショップ』（以上、平凡社選書）、『江戸の本づくし――黄表紙で読む江戸の出版事情』（平凡社新書）、『近世読者とそのゆくえ――読書と書籍流通の近世・近代』（平凡社）など。

平 凡 社 新 書 1 0 6 7

蔦屋重三郎

発行日――2024年10月17日　初版第１刷
　　　　　2025年２月20日　初版第３刷

著者――鈴木俊幸

発行者――下中順平

発行所――株式会社平凡社
〒101-0051 東京都千代田区神田神保町3-29
電話 （03）3230-6573［営業］
ホームページ https://www.heibonsha.co.jp/

印刷・製本―株式会社東京印書館

装幀――菊地信義

ISBN978-4-582-86067-2